CE QUE VAUT

UNE FEMME

TRAITÉ

D'ÉDUCATION MORALE ET PRATIQUE

DES JEUNES FILLES

Ouvrage ayant obtenu le prix DOYEN-DOUBLIÉ (partage)

Par Mlle E. KOCH

REIMS
IMPRIMERIE DUBOIS-POPLIMONT
Rue de Vesle, 220

1898

Imprimerie
DUBOIS-POPLIMONT
Rue de Vesle, 220

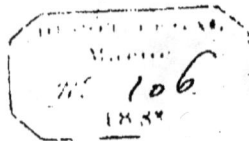

CE QUE VAUT UNE FEMME

CE QUE VAUT
UNE FEMME

TRAITÉ D'ÉDUCATION MORALE & PRATIQUE

DES JEUNES FILLES [1]

———◦———

Ouvrage ayant obtenu le prix DOYEN-DOUBLIÉ (partagé)

❦

APPRÉCIATION DU JURY

Ouvrage excellent. Esprit moral et élevé. Questions
pratiques traitées clairement et à fond, sans extensions
inutiles.

[1] Ce livre est destiné à propager dans les classes laborieuses les préceptes
de l'économie domestique, et faciliter l'accomplissement des devoirs familiaux

PRÉFACE

A Madame DOYEN-DOUBLIÉ

ARMI les questions qui depuis quinze ans n'ont cessé de préoccuper les esprits et les pouvoirs publics, il faut citer l'une des premières, et peut-être la première de toutes, la question de l'enseignement national. Quel que soit le jugement que l'histoire portera sur notre époque, ce sera son éternelle gloire d'avoir compris, au lendemain de nos désastres, que la condition de notre relèvement était dans un

enseignement fortement organisé, et de n'a-
voir reculé pour cela devant aucun sacrifice.
Prenant pour exemple ce qui, après Iéna,
avait si bien réussi à nos vainqueurs, on
a pensé qu'il fallait, avant tout, combattre
l'ignorance, relever les caractères, fortifier
les courages, en un mot faire des citoyens
avant de faire des soldats. Un effort sans
précédent a été fait sous ce rapport, d'im-
menses progrès ont été réalisés, et on peut
dire, sans crainte de contradiction, que si l'on
avait obtenu dans tous les services les mêmes
améliorations, notre situation serait aujour-
d'hui prépondérante. Faut-il croire cependant
que tout a été fait et qu'il ne reste plus qu'à
s'endormir sur les résultats acquis, sans se
préoccuper de ce qu'ils pourront produire
dans l'avenir.

Dans la nécessité où l'on s'est trouvé de
créer de toutes pièces un enseignement jus-
que là trop négligé, on a oublié d'établir un
point de départ, c'est-à-dire de bien préciser

dans quel esprit cet enseignement devrait être
donné. Sans entrer ici dans la question du
surchargement des programmes dans l'enseignement secondaire, question qui, à elle
seule, ferait l'objet d'un volume, nous nous
demandons si le but qu'on s'était proposé a
véritablement été atteint, et si la méthode ac-
tuelle, qui consiste à donner trop à l'instruction proprement dite, pas assez à l'éducation,
ne menace pas de nous affaiblir en nous éner-
vant.

S'il est vrai qu'une culture intensive ne
saurait convenir à tous les terrains, il est certain aussi qu'une même culture intellectuelle
ne pourrait sans inconvénient s'appliquer à
tous les individus et qu'il est des cerveaux
que ce moyen ne parviendrait qu'à atrophier
et déséquilibrer. L'éducation, qui a plutôt
pour mission de former le caractère, de développer les qualités du cœur, ne présente pas
le même danger ; il serait temps de lui faire,
dans nos programmes, une place en rapport

avec son incontestable utilité. N'avons-nous
pas vu des connaissances multiples demeurer
sans objet, ne produire aucun résultat, parce
que l'éducation morale et pratique étant in-
suffisamment ou mal dirigée, nous manquons
de l'objectif, de la force de volonté nécessaire
pour les utiliser ? C'est ce point qu'il importe
de dégager, surtout à notre époque où les caractères manquent trop souvent de fermeté
et de consistance.

Le but de l'enseignement ne doit pas être
de détourner les individus de leur vocation
première, mais au contraire de la bien défi-
nir, de la leur faciliter en l'élargissant. Ce
but, en un mot, doit être, en développant
également les intelligences et les caractères,
de donner à chacun dans la société une situation en rapport avec ses aptitudes, et cela pour
le plus grand bien de tous. Si l'enseignement
n'atteint pas ce but, il est incomplet ; s'il le
dépasse, il est dangereux. Dans le premier cas
la communauté se trouvera privée de concours

qui auraient pu lui être précieux ; dans le second, des individus, fourvoyés dans un milieu qui n'est pas le leur, formeront une section de déclassés, deviendront une non-valeur pour eux-mêmes, leur famille et la société.

Si cette situation peut créer un danger pour les garçons, combien ce danger ne sera-t-il pas plus grand en ce qui concerne les jeunes filles. C'est surtout à elles qu'il importe de donner une éducation en rapport avec la mission qu'elles sont appelées à remplir. Qu'adviendrait-il de notre pays le jour où la femme se trouverait détournée de sa destination naturelle, où la jeune fille pourrait supposer qu'il existe autre chose pour elle que la mission noble et sainte d'être épouse, d'être mère. C'est la pensée de cette mission, nous dirons plus, de cet apostolat de la femme dans la famille qui devrait être l'unique règle de son éducation, et rien ne devrait lui être enseigné qui n'ait pour but

plus ou moins direct d'en faire la fille dévouée, la mère sage et prévoyante, l'épouse
tendre et digne, c'est-à-dire l'ornement, la
consolation, le soutien moral de la famille.
C'est à son cœur autant qu'à son intelligence
qu'il faut que l'on s'adresse, c'est à en développer les qualités que doivent s'employer les
personnes ayant charge de son avenir. Aucune
connaissance inutile, mais toutes les connaissances nécessaires, ce programme est assez
vaste pour donner un aliment plus que suffisant à leur activité.

Une femme d'esprit et de cœur demandait
que l'on élevât la jeune fille en vue de sa des-
tinée future. C'est encore une femme à l'esprit
élevé, au cœur généreux, qui, près d'un siècle
plus tard, a recherché les moyens pratiques
les plus propres à lui faciliter sa tâche. S'il
est une femme qui ait rendu d'incontestables
services à la famille, à la société et par suite
au pays, c'est sans contredit la femme supérieure et distinguée dont notre cité s'honore.

Tournant toute sa sollicitude vers les déshé-
rités de la fortune, vers ceux qui doivent de-
mander au travail les ressources de chaque
jour, Mme Doyen s'est émue des souffrances
des classes laborieuses. C'est avec la pensée
noble et généreuse de leur venir en aide
qu'elle créa l'École Professionnelle et Ménagère, qui restera comme le témoin de sa
sollicitude éclairée et perpétuera sa mémoire.
Pensant avec raison que ceux qui luttent
pour l'existence ont un plus grand besoin de
la solidarité intime, de l'union qui fait la
force, Mme Doyen s'est efforcée par ses conseils et ses exemples, par tous les moyens
en son pouvoir, d'inspirer plus particulièrement à leurs enfants l'amour du foyer domestique, le dévouement à la famille. Mais comme
il ne saurait suffire que la femme fût aimante
et dévouée, et qu'en certains cas ces vertus
doivent donner des résultats matériels, elle
s'est appliquée à leur inculquer les principes
de travail, d'ordre et d'économie dont dé-

pendent son bien-être et celui des siens. Car,
il faut bien le reconnaître, si l'état de gêne, de
misère parfois de l'ouvrier, provient souvent
de l'insuffisance de ses ressources, il est plus
fréquemment encore le résultat de diverses
autres causes et plus particulièrement de la
gestion mauvaise ou mal entendue dont la
femme a la charge. Plus un budget est res-
treint, plus il est difficile de l'équilibrer, plus
il faut déployer pour cela de prudence, de
sage économie, d'adroits calculs. Combien de
femmes en sont incapables, faute d'y avoir été
préparées. C'est à cette tâche que s'est dévouée Mme Doyen; elle a rendu ainsi à la
masse des travailleurs des services plus grands
que ne l'ont fait beaucoup d'hommes auxquels
on a élevé des statues.

Qu'elle soit honorée et bénie, la mémoire
de celle qui a consacré le meilleur d'elle-
même à l'émancipation morale de la femme.
Elle n'a pas seulement fait œuvre de mère,
elle a fait acte de patriote. Puissent d'autres

femmes suivre son exemple. L'œuvre des
conquérants périra, parce qu'elle repose sur
la négation de la justice et des droits de l'hu-
manité, mais la pensée qui a présidé à son
entreprise, en apparence modeste, demeurera
et produira des fruits pour le relèvement de
la patrie. Les jeunes filles élevées d'après ses
principes deviendront les mères fortes et
sages qui apprendront à leurs fils le culte du
pays, le respect de la propriété et des
croyances d'autrui, l'accomplissement des
devoirs sociaux. Elles en feront des hommes
courageux, au caractère fortement trempé, en
un mot de bons citoyens et de fiers défenseurs. Et l'on saura alors ce que vaut une
femme, ce que vaut une Française !

ÉDUCATION MORALE

LA JEUNE FILLE DANS LA FAMILLE

IL est de nos obligations et de nos devoirs qui varient suivant la position sociale à laquelle nous appartenons, mais ce qui ne saurait varier, ce qui est un devoir strict pour toutes, que nous soyons filles de prince ou de simple artisan, c'est le dévouement à notre famille, l'attachement au foyer domestique. Et plus ceux qui nous entourent ont dû peiner et souffrir pour assurer notre existence, plus nous leur devons de reconnaissance et d'affection. Pour bien connaître la valeur d'un bienfait, il faut, dit-on, en avoir été privé; n'attendons pas que nous ayons le malheur d'être privées ou éloignées des nôtres pour comprendre ce que nous devons à leur tendresse, à leur sollicitude. Abandonnons-nous sans réserve aux douces joies de la famille, accomplissons-en toutes les obligations, c'est là qu'est le bonheur, le vrai, le seul, celui que donne le sentiment du devoir accompli. N'oublions pas que notre mission sur la terre est d'aimer, de nous dévouer, de nous oublier pour les nôtres, et que le plus grand malheur pour une femme serait de n'avoir personne à qui consacrer ce que la nature a mis en elle de tendresse et de dévouement.

Aimons d'abord ceux qui nous ont aimées les premiers, qui ont mis en nous leur espoir avant même que nous ne fussions nées. Ils étaient jeunes encore lorsque nous étions toutes petites, ont-ils hésité un seul instant à sacrifier leur jeunesse, à se priver de toute distraction et parfois même des choses les plus nécessaires à la vie, pour ne s'occuper que du cher bébé. Leurs joies, c'étaient nos premiers pas, c'étaient nos sourires, nos caresses. Quelles angoisses lorsque la maladie nous menaçait et que, penchés sur notre berceau, ils épiaient le moindre de nos mouve-

ments. Quelles privations aussi n'ont-ils pas
dû s'imposer pour nous élever sans que nous
manquions de rien, et quelle douleur pour
eux quand, malgré leurs efforts, ils ne pou-
vaient nous procurer tout le bien-être nécessaire. Et lorsque nous avons avancé en âge,
quels soucis de tous les instants pour le présent et pour l'avenir. Ils nous ont fait ce que
nous sommes, veillant sur notre santé, sur
notre éducation, sur notre conduite, s'oubliant
eux-mêmes en toutes circonstances pour ne
songer qu'à nous. Aussi n'insisterons-nous
pas sur l'obligation d'aimer nos parents, il
n'existe pas sans doute d'enfant assez déna-
turée à qui cette recommandation serait nécessaire, mais nous dirons qu'il ne suffit pas
de les aimer platoniquement, qu'il faut leur
témoigner notre affection par tous les moyens
en notre pouvoir en saisissant avec empressement toutes les occasions de leur être agréables, en évitant avec soin tout ce qui pourrait
les contrarier, en les entourant constamment
de nos soins, de nos prévenances et de notre
respect. N'oublions pas que de nous seules
peuvent leur venir leurs plus grandes peines
comme leurs plus grandes joies, et faisons en
sorte de ne leur donner que des satisfactions

en échange des sacrifices que nous leur avons
coûtés.

Ce n'est pas seulement pendant nos premières années que nous devons les respecter
et les chérir. Si nous pouvions manquer à
notre devoir sous ce rapport, la jeunesse et
l'irréflexion seraient notre seule excuse. C'est
au contraire lorsque nous avançons en âge
qu'ils doivent pouvoir compter sur notre reconnaissance et notre affection. Aussitôt que
nous serons en situation de pouvoir travailler
et que nos parents seront eux-mêmes fatigués
par l'âge et le labeur, mettons-nous à l'œuvre
courageusement pour diminuer leurs peines;
c'est notre devoir de travailler pour eux
comme ils l'ont fait pour nous. Rendons-nous
utiles autant que nous le pouvons; si nos
occupations ne nous obligent pas à passer la
journée au dehors, soyons pour notre mère
un aide constant, ne lui laissons prendre dans
l'intérieur du ménage aucune peine, aucune
fatigue que nous pouvons lui éviter. Il serait
par conséquent peu digne d'une jeune fille
que sa mère fût obligée d'interrompre ses
occupations pour préparer le repas de la famille ou nettoyer la maison, pendant qu'elle-
même gaspillerait son temps ou s'occuperait

de futilités. Il nous est donné parfois d'admi-
rer et d'applaudir des jeunes filles qui, par
leur travail, soutiennent leurs parents âgés ou
les aident à élever leurs frères et sœurs plus
jeunes; suivons leur exemple, et qu'en toute
circonstance notre famille puisse compter sur
notre dévouement. Nous ne devons, certes,
mépriser personne, mais ce serait un mépris
juste et mérité que celui que nous aurions
pour l'enfant assez dépourvu de conscience et
de naturel pour manquer de respect envers
ses parents ou leur refuser l'aide et les secours
dont ils auraient besoin.

N'oublions pas que la déférence à laquelle
nous sommes tenues nous interdit de nous
poser en juges de leurs actes, et que ce n'est
pas à nous qu'il appartient de les critiquer.
Quels que puissent être parfois leurs torts et
leurs défauts, nous n'en devons pas moins les
respecter et les aimer, et nous efforcer de
cacher au monde leurs faiblesses. Qui sait si
par notre tendresse nous ne parviendrons pas
à les rendre meilleurs, si la crainte de nous
peiner, de nuire à notre avenir, n'amènera
pas en eux de salutaires réflexions, une amé-.
lioration dans leur conduite. Les affections et
les exemples de la famille sont de tous les plus

fortifiants. Une femme, une jeune fille, qui
sauront créer au mari, au père, au frère, un
intérieur tout de tendresse, de gaieté, de
confort relatif, auront de grandes chances de
les retenir auprès d'elles et d'éviter ces divisions, ces luttes intimes, qui rendent parfois
l'existence en famille si dure et si pénible à
supporter.

Il y avait chez mes parents, et j'en ai fidèle-
ment gardé le souvenir, quoique je fusse alors
très jeune, un ouvrier que l'on renommait
pour son habileté et ses rares talents. Y avait-
il un ouvrage pressé, exigeant de l'expérience
et de l'adresse, c'était à lui que l'on avait
recours. Honnête homme, excellent camarade,
il était aimé de tous à l'atelier : malheureusement il avait ce défaut, si fréquent parmi les
ouvriers des états libres, il s'adonnait à la
boisson, et alors adieu le travail; tant que
durait l'argent de la quinzaine, on était sûr de
ne pas le revoir. Que de fois n'avions-nous
pas vu sa pauvre femme, désespérée, venir le
jour de la paie supplier qu'on lui remît l'argent de son mari, et mon père y consentait
de grand cœur, certain que B... n'oserait pas
opposer de résistance et sachant aussi que
c'était le seul moyen de le voir revenir le lundi

suivant. Depuis, nous l'avions complètement
perdu de vue, nous avions bien entendu dire
qu'il avait une petite fille et nous plaignions la
malheureuse femme, laborieuse et propre
pourtant, que l'inconduite de son mari allait,
pensions-nous, plonger dans la misère avec son
enfant.

Dernièrement, ayant besoin d'un spécia-
liste pour un ouvrage de peu d'importance,
je m'informai où je pourrais le trouver, et
celui que l'on m'indiqua fut précisément notre
ancien ouvrier. Je m'attendais à trouver chez
lui la désunion et la misère. Quels ne furent
pas mon étonnement et ma satisfaction en le
voyant dans une situation telle que je pouvais
à peine y croire. La maison propre et bien
tenue respirait un air de confort, la mère et
la jeune fille paraissaient heureuses et gaies.
B... qui parut me revoir avec plaisir, m'ex-
pliqua qu'il s'était établi à son compte et
qu'ayant beaucoup d'ouvrage il gagnait sa vie
largement. C'est ma fille qui m'a sauvé, me
dit-il. — Un jour que j'avais dépensé tout
l'argent de ma paie, nous étions sans un sou
à la maison lorsque la petite tomba dangereu-
sement malade. Comment faire pour la soigner, nous étions endettés dans le quar-

tier et le pharmacien ne me connaissait
pas. Pour la première fois de ma vie, je compris toute l'étendue de mes torts et je me fis
horreur : si ma fille était morte, certainement
je me serais tué. Je jurai de ne plus boire, mais
combien d'abord ce fut difficile. Je me condui-
sais mieux cependant, et plus jamais ne
manquais à l'atelier. Et puis en grandissant
ma fillette devenait si caressante et si gentille,
elle avait pour moi tant d'aimables prévenances que je m'attachai à elle de plus en
plus. Je me dis qu'après avoir failli ne pas
pouvoir la soigner, il me deviendrait impossible de la bien élever, de la marier plus
tard convenablement. Dès que j'eus fait ces
réflexions, je cessai complètement de boire,
et vous, madame, qui m'avez connu, vous
pouvez être étonnée de ce changement, c'est
à ma femme et à ma fille que je le dois. Et je
sentais qu'à l'affection qu'il leur porte se
mêlait une grande reconnaissance.

Cet exemple et beaucoup d'autres que bien
certainement vous aurez rencontrés, prouve
combien est forte l'influence de la femme
dans la famille et combien dans la plupart
des cas il lui serait facile de ramener l'homme
à l'accomplissement de ses devoirs. Il n'existe

pas, à notre avis, de plus légitime fierté que celle de l'enfant qui pourrait avoir cette intime conviction d'avoir moralement sauvé ses parents, de les avoir aidés à se relever à leurs propres yeux et à ceux des autres.

Si nous avons des frères et sœurs, aimons-les tendrement, intéressons-nous à tout ce qui les concerne. S'ils sont plus jeunes que nous, ayons à cœur d'aider nos parents à les bien élever, à leur inspirer de bons sentiments, ne leur donnons nous-mêmes que de bons exemples. Protégeons-les en toute occasion, et remplaçons auprès d'eux notre mère, si des circonstances malheureuses viennent à les en priver. S'ils sont nos aînés reconnaissons-leur une certaine part d'autorité sur nous, acceptons leurs conseils; en tous cas évitons de les taquiner, de leur causer de la peine. N'agissons jamais envers eux avec cette acrimonie qui amène parfois de si regrettables divisions entre les enfants d'une même famille. Habituons-nous de bonne heure à supporter et à nous pardonner mutuellement nos défauts de caractère. Que de relations gâtées ou irrémédiablement perdues qui auraient pu être les meilleures de notre vie, parce que nous n'avons pas su resserrer les liens d'amitié que

la nature avait créés entre nous, parce que
sous le coup de puériles susceptibilités, nous
avons par égoïsme, par orgueil ou par jalousie
blessé ceux que le Ciel nous avait donnés pour
compagnons de notre jeunesse, pour amis les
plus intimes de toute notre existence.

Ce serait une erreur de croire que les
égards, la politesse, les convenances n'existent
que pour être pratiqués envers les étrangers.
Nous n'avons pas l'intention d'énumérer ici
les règles du savoir-vivre, cela nous entraînerait trop loin : d'autres, d'ailleurs, l'ont fait
avant nous avec plus de succès que nous n'en
pourrions prétendre. Disons seulement que
les usages qu'une bonne éducation nous impose envers les indifférents, ne doivent être
suivis qu'avec plus d'empressement dans l'intérieur de la famille. Nous y gagnerons du
reste de toutes façons, d'abord en nous faisant
aimer de notre entourage, ensuite en con-
tractant l'habitude des bonnes manières qui,
sans cela, n'étant pratiquées que momen-
tanément, auraient quelque chose d'affecté,
c'est-à-dire de ridicule.

Lorsque l'on verra une jeune fille respectueuse et dévouée pour ses parents, polie et
bienveillante envers tous, s'occupant avec di-

ligence des soins du ménage tout en conservant sur elle-même cette apparence de propreté qui la rend si charmante, l'on sera naturellement disposé envers elle à l'estime et à la sympathie. C'est alors que ceux qui désirent fixer leur avenir porteront leurs vues sur elle, pensant avec raison que celle qui est bonne fille, bonne sœur, sera bonne épouse et bonne mère.

De tous les actes de la vie, le mariage est le plus important, celui qui implique les plus graves conséquences et qui demande, par suite, le plus de réflexion. De l'union que vous contracterez, de la manière dont vous vous comporterez, dépendent le bonheur et la tranquillité de votre existence, de celle de vos enfants et de toute votre famille. Nous ne saurions trop insister sur la nécessité d'arriver à cette époque de votre vie avec le sentiment absolu et bien défini de vos devoirs. Le mariage étant l'état auquel vous êtes destinées, il est indispensable que vous soyez instruites des obligations qu'il impose.

Les préliminaires du mariage ne sont pas les mêmes dans toutes les classes de la société. Tandis que, dans une situation aisée, les parents s'occupent de l'établissement de

leurs enfants et les mettent soigneusement à
l'abri de toute fréquentation dangereuse, les
jeunes filles de la classe ouvrière, forcées par
leur travail de sortir seules, jouissant d'une
plus grande liberté, se trouvent exposées à
des rencontres qui, pour être parfois inévi-
tables, n'en présentent pas moins de sérieux
inconvénients. Nous n'avons pas à nous
préoccuper ici de celles qui trouvent au sein
de leur famille conseils et protection, c'est
aux jeunes filles qui, privées par la nécessité
de la surveillance de leurs parents, sont obli-
gées de se diriger elles-mêmes, que nous voudrions adresser quelques observations.

Si vous êtes soucieuse de votre avenir, si
vous tenez à vous marier honorablement,
quoique ne possédant pas de fortune, faites
d'abord en sorte que votre conduite ne donne
jamais lieu à la moindre critique, au plus
léger soupçon. Si, par la nécessité de votre
profession, vous vous trouvez en rapport avec
des jeunes gens, ne vous permettez jamais avec
eux la moindre liberté, et sans cesser d'être aimable et polie, observez une certaine réserve
dans vos manières et votre langage. Ne fréquen-
tez jamais non plus d'autres jeunes filles dont
la conduite ne serait pas irréprochable ou dont

le laisser-aller pourrait donner lieu à de fâcheuses suppositions; c'est en vous respectant vous-même que vous vous ferez respecter des autres. Mettez toujours au-dessus de toutes choses le soin de votre dignité, et quelle que soit la situation que puissent vous créer les évènements, ne vous commettez jamais avec des gens de mœurs dépravées, d'habitudes et de goûts grossiers; faites en sorte de pouvoir entendre citer sans rougir le vieux dicton : « Dis-moi qui tu hantes, je te dirai qui tu es. » Jamais d'ailleurs un homme de quelque mérite, ne fût-il qu'un ouvrier, ne consentira à donner son nom à une personne dont les fréquentations ou la conduite seraient pour lui un sujet de honte.

Quelle que soit la position sociale de vos parents, quelles que puissent être même leurs fautes et leurs erreurs, ne songez jamais à vous marier contre leur volonté. C'est là la plus grande peine que vous puissiez leur faire, le plus complet manque de respect qu'il vous soit possible de leur infliger. Vos parents qui connaissent la vie, qui en ont l'expérience, seront meilleurs juges que vous-même des conditions propres à assurer votre bonheur. Ils n'ont en vue que le bien de votre avenir, et s'ils s'opposent à des projets qui vous sont chers, c'est qu'ils prévoient pour vous de cruelles déceptions. Les unions contractées dans ces conditions réussissent d'ailleurs rarement au gré des intéressés, l'accord des familles étant, en cette circonstance, ce qu'il y a de plus profitable.

Dans le cas où, au cours de vos absences de la maison paternelle, vous vous trouveriez recherchée par un jeune homme dont les intentions vous paraîtraient honnêtes, faites-en part de suite à vos parents. Souvenez-vous que vous leur devez compte de vos actions et qu'il vous est interdit de leur cacher quoi que ce soit. Votre mère, en pareille circonstance, est tout indiquée pour être votre confidente. C'est auprès d'elle que vous trouverez les utiles conseils dont a besoin votre inexpérience, c'est dans sa tendresse éclairée qu'elle puisera les ressources qui éloigneront de vous le danger et assureront votre avenir.

N'attachez pas trop d'importance à la situation pécuniaire d'un prétendant, ni même à ses avantages physiques ; préoccupez-vous surtout de ses qualités morales, de son intelligence, de sa conduite, c'est de cela que dépend votre bonheur. Disons-le bien haut, du reste, à la louange de la classe ouvrière, ce n'est pas dans son sein que l'on rencontre le plus souvent ces associations où la question d'intérêt a tenu plus de place que l'inclination naturelle des futurs époux. En nous résumant, nous vous dirons ceci : regardez un bel homme, écoutez un homme d'esprit, mais n'aimez jamais qu'un homme de cœur. C'est l'oiseau rare que je vous souhaite....

LA JEUNE FEMME DANS SON INTÉRIEUR.
DEVOIRS ENVERS LE MARI ET LES ENFANTS.

VOTRE mari a droit à toute votre tendresse, c'est le premier devoir que
le mariage vous impose. Si quelque
chose en lui vous déplaisait, si vous pensiez
ne pas pouvoir l'aimer, il eût mieux valu en
faire part à votre famille, et refuser de contracter une union dont serait exclu le sentiment qui en fait le charme et la moralité.
Mais du jour où vous l'avez librement accepté, votre existence cesse en quelque sorte
de vous appartenir et doit être entièrement consacrée au bonheur de celui dont
vous portez le nom. Vous ne cessez pas
pour cela d'être la fille respectueuse et dévouée de vos parents, vous ne retirez rien à
votre famille de vos premiers sentiments,
mais vous êtes mariée et à cet état nouveau

3

s'attache pour vous des obligations nou-
velles.

Vous devez aimer votre mari, vous lui
devez, nous le répétons, une tendresse inal-
térable et un dévouement sans bornes. N'ob-
jectez pas qu'il n'est pas tel que vous l'aviez
supposé avant votre mariage, qu'il ne possède
pas telle qualité dont vous le croyiez doué,
qu'il a tel défaut dont il s'était bien gardé de
paraître affligé. Vous n'aviez pas, je suppose,
la prétention d'épouser un homme parfait,
cette exigence ne se justifierait pas, n'étant
pas vous-même d'une perfection défiant la
critique. En effet, ne l'avez-vous pas quelque
peu trompé, vous aussi? Lorsque vous étiez
sa fiancée, n'avez-vous pas dissimulé avec
soin vos petits travers, et fait parade de
toutes les qualités que vous pensiez lui être
agréables? Et si en sa présence vous aviez
laissé brûler le rôti, si vous vous étiez laissée
aller à quelque accès de mauvaise humeur,
êtes-vous bien certaine qu'il vous eût épou-
sée?

Ce qui amène le plus souvent de part et
d'autre, au lendemain du mariage, d'amères
déceptions, c'est cette idée préconçue que l'on
va jouir d'un bonheur sans mélange, que l'on

n'aura jamais rien à se reprocher mutuellement. Et comme la réalité est toujours infé-
rieure au rêve, il arrive que l'on se croit lésé,
alors que l'on s'était illusionné seulement. Si
l'on arrivait au mariage avec ce raisonnement
plus pratique, que rien en ce monde ne saurait être parfait, que l'existence des époux doit
être faite de concessions réciproques, peut-
être se trouverait-on plus heureux. Sans
doute il a des défauts, votre mari, mais s'il
est honnête homme et s'il a pour vous de la
tendresse, il faut l'aimer non-seulement parce
qu'il vous aime, mais aussi pour la confiance
qu'il vous témoigne en s'en remettant à vous
du soin de l'honneur de son nom et du bonheur de sa vie.

Songez aussi à ce que serait votre existence
sans le mari, qui, avec une situation régulière, vous donne appui et protection? Il n'y
a pas que du ridicule et des dangers dans la
position de vieille fille. Quels que puissent
être les motifs qui vous aient éloignée du mariage ou les circonstances qui pour vous l'aient
rendu impossible, il viendra toujours un moment pénible entre tous, le moment cruel de
l'isolement, où vous serez privée de vos parents et où vous regretterez amèrement de

n'avoir pas de famille. Et à ce propos laissez-
nous vous mettre en garde contre cette prétention exagérée qu'ont parfois les jeunes
filles de trouver un époux d'une condition
relativement supérieure à la leur ou à celle
de leur famille. Oh! nous savons bien que ce
n'est pas la question d'intérêt qui vous guide:
vous ne demandez pas qu'il ait de la fortune,
mais vous le voudriez doué de toutes sortes
d'avantages physiques et intellectuels, gagnant largement sa vie, toutes choses enfin
qui se trouvant réunies en un jeune homme,
lui permettent d'aspirer à une union plus
brillante et plus fortunée. Nous ne saurions
blâmer en vous ce sentiment si légitime et si
naturel, propre à toute âme bien née, de dési-
rer que votre mari ne fût pas le premier venu.
Mais il est certain, des exemples quotidiens le
prouvent, qu'une jeune fille sage doit souvent
renoncer à des partis auxquels elle aurait pu
raisonnablement prétendre et se contenter
d'un autre moindre, parce qu'en somme
l'homme reste toujours le maître de la situation, et qu'il vaut mieux être modeste dans
ses exigences que de renouveler la mésaven-
ture du héron, qui ayant, pour son repas,
dédaigné le menu fretin, dut, son estomac

criant famine, se contenter d'un limaçon.

Nous savons bien qu'il est des circonstances qui rendent difficile, si ce n'est impossible, l'établissement d'une jeune fille, et que telle personne élevée en vue d'une certaine position, se résoudra difficilement, même après des revers de fortune, à se marier dans des conditions dont sa fierté souffrirait ; mais ce cas est tout-à-fait accidentel, et si vous n'en êtes pas les victimes, vous n'avez pas à en subir les conséquences. En somme, le mariage, pour n'être pas toujours un état parfait, est encore le moins imparfait que vous puissiez choisir.

Vous devez aussi à votre mari fidélité et obéissance. A des jeunes filles qui seront d'honnêtes femmes, nous n'avons rien à dire du premier point, mais nous appelons votre attention sur le second.

L'obéissance que vous devez à votre époux n'est pas celle à laquelle vous étiez accoutumée envers vos parents. Tandis qu'alors vous n'encouriez aucune responsabilité et qu'à ceux-ci vous deviez obéir sans discuter, il vous faudra, dans la soumission que vous accorderez à votre mari, conserver le sentiment de vos droits, de vos intérêts et de ceux de vos enfants, si parfois il venait à les mé-

connaître. Faudra-t-il donc, nous direz-vous,
obéir aveuglément et toujours ? Eh bien, dus-
sions-nous être lapidée par le sexe fort, nous
vous dirons : non, il ne faut pas obéir malgré
tout et en toute occasion, mais il ne faut
désobéir que lorsque vous avez cent fois raison de le faire, c'est-à-dire dans des cas absolument graves, dans des circonstances excep-
tionnelles. Une femme qui, par un sot orgueil,
prendrait plaisir à contrecarrer en toute occur-
rence les idées de son mari pour faire préva-
loir les siennes, ou qui méconnaîtrait son
autorité au point d'entrer avec lui en lutte
ouverte pour des futilités, sur des questions
de peu d'importance n'impliquant en rien
l'avenir, non-seulement cette personne man-
querait à tous ses devoirs, mais elle commet-
trait la plus insigne folie, perdrait à tout
jamais la paix de son ménage et s'exposerait
aux plus graves désagréments. D'ailleurs une
femme aimant son mari et possédant quelque
peu de tact, sait généralement, le cas échéant,
sauvegarder les intérêts communs de la famille
sans troubler la bonne harmonie de son intérieur, et donner à la soumission requise le
caractère qui lui convient.

Pour éviter des froissements toujours désa-

gréables, parfois pénibles et gros de conséquences, nous vous conseillons fort, pendant
les premiers temps de votre mariage, de bien
étudier le caractère de celui auquel vous êtes
unie. C'est peut-être cette époque, qu'à tort
ou à raison l'on qualifie de lune de miel, qui
sera pour vous la plus difficile. En effet, vous
ne connaissez pas encore votre mari, et lui-
même n'a pas eu le temps de vous apprécier ;
il faudra vous observer constamment pour lui
donner de vous-même la meilleure opinion
possible et achever par l'estime de conquérir
son cœur. Pendant cette période d'observation, vous rencontrerez en lui des qualités
sérieuses, des dons naturels que vous pourrez
développer encore, et des défauts dont il faudra bien vous garder de paraître offusquée, ni
témoigner trop tôt l'intention de l'en corriger.
N'agissez en ce dernier point qu'avec la plus
grande circonspection, car autrement, la question d'amour-propre s'en mêlant, vous ris-
queriez de n'y pas réussir. C'est graduelle-
ment, par le raisonnement et par l'exemple,
qu'il faudra vous efforcer de combattre ce qui
vous déplaît en lui. Ne laissez pas paraître,
autant que possible, la différence de goûts et
d'humeur qui pourrait exister entre vous ;

allez au-devant de ses désirs, même s'ils sont
en opposition avec les vôtres, de manière à
lui être agréable en toutes choses, sans vous
trouver dans l'obligation de céder. Il vous
sera toujours moins pénible de sacrifier vos
préférences que de créer un conflit dont vous
ne sortiriez que froissée dans votre amour-
propre.

Ce n'est pas seulement à votre mari qu'il
faudra vous efforcer de plaire. Par le fait de
votre mariage, ses parents, sa famille deviendront les vôtres, et sous peine des plus
grandes perturbations dans votre intérieur,
il faudra, par tous les moyens en votre pouvoir, chercher à vous les attacher. Pour éviter de froisser qui que ce soit, traitez en tout,
au moins en apparence, les parents de votre
mari comme vous le faites des vôtres. Soyez
avec vos beau-père et belle-mère ce que vous
êtes avec vos parents ; écoutez leurs avis avec
déférence, et s'ils vous paraissent sages et
conformes à vos intérêts, mettez-les à profit.
Si, au contraire, vous croyez devoir n'en pas
tenir compte, expliquez vos raisons de manière à ne les pas blesser, et toujours avec
douceur et aménité. Ces qualités, loin d'ex-
clure une fermeté parfois nécessaire, en atté-

nuent la rudesse et la font plus facilement
accepter. En effet, le respect que vous leur
devez ne saurait vous faire oublier que vous
êtes maîtresse dans votre maison, et qu'à
vous seule en appartient la direction. Il y a
là une nuance qu'il vous faudra observer sans
cesse : condescendre toujours, mais n'abdi-
quer jamais. Soyez certaine que sous le bénéfice de cette réserve votre mari vous saura
gré des égards que vous aurez pour les siens,
ce qui est tout naturel et plaide en sa faveur.
Ne seriez-vous pas vous-même froissée dans
votre amour filial s'il témoignait à vos parents
de la froideur, s'il les recevait sans empressement? Ne perdez pas de vue que sa famille,
ses amis même, ayant sur lui une influence
plus ancienne que la vôtre, il importe au plus
haut point, quoi qu'il advienne, d'éviter de
vous en faire des ennemis.

Gardez-vous aussi de cette manie particulière aux femmes de n'être jamais satisfaites,
de trouver à redire à tout. Rien n'est aussi
déplaisant que d'entendre faire à tout propos
des observations, surtout si elles sont pré-
sentées d'un ton aigre et acrimonieux ; le
portrait de Mme Bougon n'a rien du reste
de bien séduisant. Il arrivera ceci : ou votre

mari s'y habituera et n'y prêtera plus la
moindre attention, ou il en sera énervé, vous
répondra mal et vous imposera silence. Plus
vous saurez supporter patiemment des désagréments de peu d'importance, plus vos observations auront de poids et d'autorité dans
les circonstances graves. C'est un de nos torts
et une de nos faiblesses de ne voir les choses
que par le petit côté, d'en négliger souvent
la partie sérieuse et d'attacher trop d'importance à des vétilles. Nous avons souvent
remarqué que telle femme qui fait à son mari
une scène pour une assiette cassée, est précisément celle-là qui laissera dilapider sa dot
sans rien dire et qui sera incapable de la dé-
fense la plus élémentaire de ses intérêts.

Une dame de nos amies, femme de beaucoup d'esprit, est mariée depuis peu à un
homme qui n'a pas eu à se féliciter de son
premier mariage. D'une nature acerbe et
acariâtre, sa femme lui faisait à tout propos
des observations désagréables, de sorte que
le calme et la bonne harmonie étaient souvent bannis de leur intérieur. Ayant accepté
une invitation à dîner chez eux dans les premiers temps de leur union, j'étais au salon
avec la maîtresse de la maison, lorsque de la

salle à manger partit un grand bruit. « C'est
moi, ma chère amie, dit le mari à sa femme
accourue en toute hâte, c'est moi qui viens
de commettre cette maladresse. La bonne
avait mis sur la table un siphon presqu'entièrement vide et dont elle avait négligé de
nettoyer la monture ; j'ai voulu l'en retirer
et l'ai laissé choir.. » En disant cela, il ob-
servait malicieusement la physionomie de sa
nouvelle épouse, et il ajouta : « Tu vas sans
doute me gronder bien fort. » (Il avait quelque raison de craindre cela, ayant eu pendant
son premier mariage une forte scène pour un
sujet analogue.) —« C'est un petit malheur,
répondit notre amie, et j'aurais grand tort de
gronder un homme qui, en une seconde,
gagne quinze centimes. — Comment cela,
dit-il, tout étonné? — Sans doute, reprit-elle,
tu pouvais aussi bien le casser étant plein, et
puisqu'il est vide, c'est autant d'épargné. » Le
mari se montra fort satisfait de la réponse, et
nous avons constaté depuis combien il est
heureux de la différence de caractère qu'il
rencontre entre elle et sa précédente épouse,
femme très-recommandable pourtant et d'un
grand mérite sous d'autres rapports.

Nous reviendrons sur la nécessité de sur-

veiller notre humeur, de pondérer notre caractère, mais en ce qui concerne le mariage
nous vous dirons que les plus éminentes
qualités ne serviront de rien si elles ne sont
rehaussées par l'amabilité qui en fait la grâce
et le charme. Par exemple, une femme qui
ferait régner dans son ménage l'ordre et
l'économie, perdrait le bénéfice de ses peines
si elle ne savait pas rendre le séjour auprès
d'elle plaisant et agréable. Savoir retenir
votre mari auprès de vous par la seule force
de l'estime et de l'affection que vous lui inspi-
rerez est encore une des formes du dévouement, car il n'a aucune chance de se trouver
nulle part plus heureux, et s'il était obligé de
chercher ailleurs la tendresse et les encouragements dont il a besoin, c'est vous seule
qui seriez coupable. Soyez pour lui la compagne aimante et douce, la femme forte et
digne qui soutient l'homme dans l'infortune
et dont la fermeté du caractère, la droiture
de la conscience, lui donnent force et cou-
rage dans les circonstances les plus difficiles
de la vie.

Certaines jeunes femmes, partant de ce
principe que l'homme doit subvenir aux besoins de la famille, pensent, une fois mariées,

pouvoir se dispenser de travailler. Elles
abandonnent alors la profession dont leurs
parents les avaient pourvues, souvent au prix
des plus durs sacrifices, sans songer que c'est
précisément pendant les premiers temps de
leur mariage, alors qu'elles n'ont pas d'enfant, qu'il leur serait le plus facile de s'occuper utilement. Elles ne réfléchissent pas'
non plus au surcroît d'aisance que leur gain,
si modeste fût-il, apporterait dans leur ménage, ni aux longues heures d'ennui qu'elles
auront à supporter pendant l'absence de leur
mari, leur maison trop peu considérable ne
pouvant les occuper constamment, ni aux
funestes habitudes qui en seront la consé-
quence. Souvent même, surtout en pareil cas,
une autre erreur vient s'ajouter à celle-ci :
c'est qu'étant mariées, elles n'ont plus besoin
de plaire. Ce propos, que nous citons tex-
tuellement, combien de fois ne l'avons-nous
pas entendu dans la bouche de femmes dont
la tenue plus que négligée trahissait le désœu-
vrement et l'insouciance. Mais, nous direz-
vous, ces pauvres créatures étaient peut-être
malheureuses dans leur intérieur, et puis une
conduite aussi blâmable n'est pas celle de
toutes les femmes ; la plupart comprennent

mieux leurs devoirs et leurs intérêts. Sans
doute, nous le savons, ce n'est là qu'une
exception, mais une exception encore trop
nombreuse, que l'on rencontre à chaque pas,
et en présence de laquelle une femme vraiment digne de ce nom se sent prise d'un
insurmontable sentiment de honte pour son
sexe. Sous aucun prétexte, sachez-le bien, la
femme ne doit renoncer à la possibilité de
gagner quelque argent; tout au plus serait-
elle excusable si elle avait apporté une dot
dont le revenu pourrait compenser l'absence
de son salaire. Quant à celle qui arguerait
qu'elle n'a plus à trouver un époux pour se
relâcher des habitudes de soin et de propreté
qu'elle avait ou feignait d'avoir avant son
mariage, sa conduite serait tout simplement
ignoble, son mari le lui ferait bien voir.

La Fontaine raconte que de deux chevaux
attelés à un même chariot, l'un ne voulut pas
prendre sa part de labeur, de sorte que
l'autre, traînant à lui seul toute la charge,
fut bientôt exténué et hors d'état de travailler. Le conducteur remit alors à sa place
dans les limons le premier cheval; mais
celui-ci, que son compagnon trop fatigué ne
pouvait plus aider, succomba à son tour à la

peine. Cette comparaison peut fort bien s'appliquer à un ménage dans lequel le mari
travaillerait consciencieusement, rapporterait
à sa femme son salaire, tandis que celle-ci, au
lieu de chercher à contribuer, dans la mesure
de ses forces, au bien-être commun, gaspillerait son temps en futilités et en commérages. Or, le temps c'est de l'argent. Habituons-nous donc, dès notre jeunesse, à nous
occuper sérieusement, à ne jamais perdre une
minute; aimons le travail pour tous les bien-
faits dont il nous comble, pour tous les maux
qu'il écarte de nous. Le travail est le plus
grand médecin du monde, il guérit de la
misère, cet ennui matériel, et de l'ennui, cette
misère morale. Si nous sommes pauvres, tra-
vaillons pour améliorer notre situation :
depuis que le monde existe, on n'a pas encore trouvé de moyen plus sûr. Si nous
sommes riches, faisons du travail la première
de nos distractions, il est de toutes la plus
saine. Quelle qu'en soit la nature ou l'objet,
il nous procure des satisfactions infinies, et
c'est toujours à lui que nous reviendrons,
car, en même temps que la santé, il nous
conserve la bonne humeur.

Travaillez, mes toutes belles,
Employez bien votre temps ;
Vos maris seront fidèles
Et vos cœurs toujours contents.

La femme qui n'a pas en elle l'amour du travail est véritablement bien à plaindre. Outre l'intime satisfaction que donne le sentiment du devoir accompli, dont son cœur est sevré, elle se voit privée de tous les avantages matériels que le travail procure. Et considérez combien est juste cette maxime que la paresse, il faut bien l'appeler par son nom, est la mère de tous les vices, l'on peut ajouter de tous les maux. Quand une femme travaille elle-même pour gagner quelque argent, elle en connaît mieux le prix, le dépense moins facilement, de là l'économie. Quand une femme est économe et travailleuse, elle prend soin de son mobilier, de son linge, de ses vêtements, fait chaque chose au moment convenable, de là l'ordre et la propreté. Tandis que celle-ci jouit d'un bien-être en apparence supérieur à sa position sociale, parce qu'elle sait, comme disaient nos grand'mères, faire de trois francs cent sous, telle autre que la paresse afflige sera vouée pour toute sa vie à la misère et à l'ab-

jection. Pendant que l'une, satisfaite d'elle-
même, fière de son existence bien remplie,
est calme et tranquille, l'autre, malheureuse
par sa faute, mécontente de tout, sent gronder
en elle les plus mauvais sentiments.

Voyez ces deux jeunes femmes que la fortune n'a pas favorisées. Mariées chacune
depuis deux ans, elles habitent dans la même
maison un petit appartement d'un prix mo-
dique, car leurs maris, cavistes tous deux,
n'ont que des gains très-restreints ; mais
quelle différence vous observez dès le seuil
de leur modeste demeure ! Tandis que les
deux pièces dont elle se compose sont chez
l'une tenues avec la plus exquise propreté,
que tout chez elle est clair et luisant, chez
l'autre tout est en désordre, et les quelques
meubles qu'elle possède accusent la négligence avec laquelle on les entretient. Tout
chez elle crie le dénûment et la misère, pendant que sa voisine, avec cet art propre à la
femme qui aime son intérieur, sait donner à
sa maison une apparence de confort et de
gaieté. Travaillant sans relâche pour les ma-
gasins de confections et gagnant en moyenne
un franc vingt-cinq centimes par jour, elle a
pu acheter le mobilier modeste mais conve-

nable, et aussi le linge nécessaire au ménage
que ses parents, trop pauvres, n'avaient pu
lui donner. Le mari se plaît dans sa maison
que lui aussi s'ingénie à embellir ; ne craignez
pas que la journée terminée il s'attarde dans
quelque mauvais endroit. Il s'empresse de
rentrer chez lui : n'a-t-il pas toujours quelques clous à planter, et à soigner les fleurs,
presque toutes rapportées des bois, qui
donnent un si coquet aspect à sa demeure?
Il a hâte surtout de retrouver sa compagne,
toujours gaie, fraîche et pimpante dans la
petite robe à dix sous le mètre, confectionnée
de ses mains. Il aime et estime cette jeune
femme auprès de laquelle, revenu de son travail, il trouve le calme et la tendresse ; il lui
est reconnaissant du bonheur qu'elle lui
donne, il en est fier ; et lorsque le dimanche
elle part à son bras pour une promenade bien
méritée, il ne changerait pas sa place contre
celle d'un empereur. C'est son plus grand
plaisir d'aller ainsi, en compagnie de sa
femme, à une petite campagne voisine, res-
pirer l'air pur des champs ou des bois, ou bien
de s'installer sous les beaux marronniers des
promenades pour entendre la sérénade. Au
milieu de tout ce monde élégant, auprès

duquel il s'aperçoit qu'il ne fait pas tache, il songe à la différence de sa vie tranquille avec celle de beaucoup de ses camarades moins favorisés. Il se dit qu'avant son mariage lui aussi allait au cabaret, et il se demande maintenant comment il pouvait s'enfermer dans cet affreux trou puant et noir, pendant qu'il y a ailleurs de l'air, du soleil, des oiseaux et des fleurs. Il est ainsi toujours satisfait, parce qu'il n'a rien à reprocher ni à lui-même, ni aux autres. Il est sans souci du lendemain, car l'existence régulière qui est la sienne lui conserve la santé, et il sait qu'il y a toujours en réserve chez lui de quoi parer à toute éventualité.

Le voisin, lui, n'est pas d'aussi bonne humeur. Aussitôt rentré de son ouvrage, on l'entend crier, et ce ne sont pas de tendres paroles qu'il adresse à sa compagne. C'est le repas, peu confortable, qui n'est jamais prêt à l'heure, ou quelque vêtement dont il a besoin qui n'est ni raccommodé ni blanchi. Sa femme inactive et dépensière gaspille l'argent qu'il gagne avec tant de peine et crée partout des dettes. Parfois un commerçant, perdant patience, s'adresse à lui pour être payé, et ce sont alors dans le ménage des

scènes sans fin, des querelles à scandaliser le
voisinage. N'ayant rien qui le retienne chez
lui, ne ressentant plus pour sa femme ni affection ni respect, il s'adonne à la boisson. A
quoi bon me gêner, dit-il, je n'en aurai jamais
davantage. Sur ce il part au cabaret et revient
ivre, aussi l'existence de la malheureuse est-
elle la plus triste que l'on puisse imaginer.
Si du moins elle pouvait profiter de l'exemple
que lui donne cette autre jeune femme, si
courageuse et si digne, mais au contraire elle
la jalouse, la hait, et pourtant elle n'est pas née
méchante. En la voyant heureuse et estimée
de tous, il lui semble qu'elle lui fait du tort,
elle ne veut pas convenir qu'il eût pu en être
de même pour elle, et qu'en négligeant ses
devoirs elle a causé sa perte. De là ce sentiment d'envie, de basse jalousie, qui fait de
si cruelles blessures au cœur des femmes.

Voyez là, le dimanche, après que son mari,
las et découragé, est parti en lui adressant
de durs reproches. Les cheveux en désordre,
la figure décomposée, versant des larmes de
rage, elle s'installe à sa fenêtre, soulève son
rideau et épie le moment auquel va partir
celle qu'elle considère comme son ennemie.
Elle veut voir « sa toilette ». Elle sort enfin au

bras de son mari, charmante et distinguée
dans le frais costume de coton à bon marché
qu'elle porte l'été depuis son mariage, et
qu'elle-même a confectionné. Rien dans sa
mise n'est ni extravagant ni coûteux, mais
tout est agencé avec goût et disposé avec art.
Elle ne se doute guère que là, tout près d'elle,
quelqu'un l'observe d'un œil malveillant, car
elle ne s'occupe pas des voisins et n'a jamais
fait de mal à personne. Puis, pendant qu'elle
s'éloigne, l'autre s'en va auprès des voisines.
« — L'avez-vous vue ?... Est-elle d'une coquetterie ?... Elle n'a pas toujours été comme
cela... » etc., etc. Et les commentaires d'aller
leur train, et les commérages stupides, les
inventions odieuses de continuer jusqu'au
moment où il faudra rentrer pour attendre le
mari qui va revenir ivre et abruti. Ainsi, non-
seulement cette femme souffre de tous les
maux qu'entraîne l'oisiveté, mais sous leur
influence son caractère s'aigrit, son cœur devient mauvais. L'envie, la jalousie, la médisance, le mensonge font cortège à l'ennui et
au découragement ; elle devient capable des
plus méchantes actions, et l'on frémit en pensant au gouffre de vices et d'avilissement vers
lequel la malheureuse s'achemine lentement,

à moins que quelque circonstance fortuite, un enfant peut-être, ne vienne l'en détourner.

Ce tableau est bien noir, nous direz-vous. Il est triste, nous en convenons, mais il est vrai, l'expérience de la vie vous le démontrera. Sans le travail qui acquiert, sans l'économie qui conserve, l'ouvrier est fatalement voué à la misère et forcé de renoncer à tout espoir d'améliorer sa situation matérielle et morale. C'est en cela que l'influence de la femme se fait le plus directement sentir, influence bienfaisante si elle est douée de cette qualité indispensable au ménage, l'économie, et désorganisatrice si, par malheur, elle en est privée. Mme Doyen l'a dit avec beaucoup de raison : « une femme pauvre et économe entrant dans une maison l'enrichit, tandis qu'une femme riche et prodigue l'appauvrit. » En effet, il n'est pas de fortune, si considérable soit-elle, qui puisse résister au gaspillage. Que de fois, parmi les besoigneux, n'avez-vous pas rencontré de gens, autrefois dans une situation prospère, pendant que d'autres, partis des derniers rangs, sont, fourmis économes et laborieuses, parvenus à une honorable aisance.

L'économie est une des qualités indispensables à la femme dans toutes les situations de fortune. Elle est relative, bien entendu, et consiste à régler strictement nos dépenses d'après les ressources dont nous disposons. La femme vraiment économe est celle qui, sur ses revenus ou sur son salaire, sait prélever une part pour parer aux éventualités qui peuvent se produire. Ne faut-il pas compter, si l'on est commerçant, avec les pertes possibles; si l'on est capitaliste, avec les diminutions de revenu; si l'on est ouvrier, avec le chômage; et, en tout état de cause, avec la maladie, le surcroît de charges et tous les évènements fâcheux impossibles à conjurer? Et où trouvera-t-on les ressources nécessaires pour y faire face, si on a négligé d'épargner pendant des temps meilleurs?

Le femme la plus économe n'est pas précisément celle qui dépense le moins, c'est celle qui, en raison des ressources dont elle dispose, sait procurer aux siens le plus de bien-être et de confort. Par exemple, il se pourra que de deux femmes dépensant chacune trois francs par jour, l'une soit très économe et l'autre très désordonnée. Si l'une, dont le mari gagne quatre francs par jour, n'en dépense

que trois, elle fera preuve d'une sage prévoyance pour l'avenir, tandis que si l'autre
dont le mari ne gagne que trois francs les
dépense entièrement, elle risquera de se trouver dans une bien pénible situation.

L'économie nous oblige à avoir de l'ordre;
ces deux qualités sont inhérentes l'une à
l'autre. Ainsi, une femme économe, si elle
est commerçante, tiendra exactement ses
comptes, de manière à ne rien omettre et à
être toujours renseignée sur l'état de ses
affaires. Si elle emploie des ouvriers ou des
domestiques, elle veillera à ce qu'ils occupent
consciencieusement le temps qu'elle leur
paie. Elle ne laissera pas celui-ci négliger
son service ou tenir l'outillage en mauvais
état, et suppléera son mari si, trop occupé, il
ne peut avoir l'œil à tout. Elle ne permettra
pas à celle-là de lui manger ses conserves ou
de prodiguer l'éclairage et le chauffage. En
aucun cas, elle ne lui confiera la bourse de
la maison, et fera autant que possible ses
provisions elle-même, de manière à les acheter
à des conditions plus avantageuses; c'est là
de l'ordre. Si elle a la chance de pouvoir se
passer d'auxiliaires, elle sera ainsi débarras-
sée d'une surveillance souvent gênante et

ennuyeuse, ainsi que d'une onéreuse dépense.
Une femme sérieuse préférera toujours tenir
elle-même sa maison, à moins d'impossibilité
absolue, plutôt que d'en confier le soin à
des étrangers.

N'imitez pas ces petites femmes vaniteuses
et sottes qui mettent tout leur amour-propre
à avoir une bonne, dépensant ainsi ce qu'elles
pourraient épargner des gains de leur mari,
petit employé généralement, ne gagnant pas
toujours de quoi mettre du beurre sur le
pain de la pauvre fille, peu surchargée de
besogne à la vérité. Laissez-nous vous mettre
en garde contre cette folle vanité qui pousse
tant de jeunes femmes à vouloir vivre d'une
façon si peu conforme en tout à leur position
sociale. Combien agissent ainsi par gloriole
plutôt que par amour du confortable, se
rendant, par leur ostentation, ridicules aux
yeux des gens sensés qui se demandent combien de temps cela pourra durer. Une des
maladies de notre siècle, c'est que tout le
monde veuille vivre comme si l'on était riche,
déplorable système dont le moindre défaut
est d'empêcher qu'on le devienne. Un peu de
bon sens et de réflexion suffirait pourtant
pour dissiper cette erreur et nous faire

comprendre cette vérité qu'il ne faut pas
manger son blé en herbe ni confondre le
point de départ avec l'arrivée. Il est certain
que si nous voulons vivre d'une manière
supérieure à notre situation pécuniaire, nous
ne pouvons rationnellement y arriver qu'en
améliorant cette situation elle-même. Il est
donc indispensable de savoir borner nos
goûts à notre position présente, c'est un des
moyens de l'améliorer dans l'avenir et de
jouir d'une vraie tranquillité, de ce bonheur
du sage qui se contente de peu.

Nous reviendrons plus loin sur la nécessité
pour la femme de pratiquer les vertus qui
assurent la paix du foyer domestique, mais
en ce qui concerne l'économie, prenez pour
règle de conduite que le travailleur n'est
assuré du nécessaire qu'autant qu'il sait se
refuser le superflu.

Ces considérations sur lesquelles nous
insistons, vous seront utiles dans l'avenir,
pour soutenir le grand combat de la vie.
Elles vous serviront d'arguments pour ramener à des idées plus saines ce grand gamin
qui est votre mari, dont le cœur n'est pas
mauvais, mais dont la tête, peut-être un peu
folle, s'est laissé égarer par les élucubrations

d'écrivains sans scrupules ou les extravagan-
ces d'orateurs qui mériteraient qu'on leur
jetât des pommes cuites et des bottes de foin.
Ils sont bien coupables ces gens qui, dans un
but d'intérêt personnel, exploitent la crédu-
lité et l'ignorance de l'ouvrier, et jettent le
trouble dans sa conscience. Peu leur impor-
tent les résultats de leurs inepties, pourvu
qu'ils en profitent; ils savent fort bien, du
reste, que ce n'est pas eux qui en subiront
les conséquences. C'est à vous, jeunes femmes, qu'il appartient de combattre les funestes
doctrines qui, si vous n'y preniez garde,
iraient jusqu'à compromettre l'existence
même de votre foyer, car ces gens, ennemis de
la propriété, sont en même temps les détrac-
teurs de la famille. Si, par malheur, votre
mari pouvait devenir leur dupe, si au lieu des
gais propos qu'il apportait autrefois à la table
de la famille, il faisait entendre de folles re-
vendications, il faudrait user de votre influence
pour éclairer sa conscience et sa raison, et le
détourner de la voie périlleuse au bout de laquelle il ne trouverait que mécomptes et déceptions.

Il vous sera facile de réfuter les idées faus-
ses qu'il aura contractées par la lecture de

journaux qui s'intitulent socialistes, sans que
cette dénomination soit bien comprise de la
plupart de ceux qui l'emploient, ou au sein
de certaines assemblées de « travailleurs »
ainsi que se nomment souvent les ouvriers
qui ne travaillent pas. Il est de toute évidence
que nous ne pouvons être tous égaux dans le
sens absolu de ce mot, l'échelle sociale serait
ainsi la seule qui n'aurait qu'un échelon.
Cela ne signifie pas que l'ouvrier doive renoncer à améliorer sa position, mais que de
moyens s'offrent à lui plus honnêtes et plus
sûrs que celui qui consisterait à dépouiller
de leur propriété ceux qui légitimement la
possèdent. Il est un fait prouvé, c'est que la
fortune change de mains au bout de cinq gé-
nérations. A quoi cela tient-il, si ce n'est que
l'enfant du riche, habitué au luxe et à l'oisiveté, diminue ainsi son patrimoine et trans-
met de père en fils une situation amoindrie,
tandis que l'ouvrier, désireux de sortir de
son infériorité, conquiert une position meilleure par la seule force de sa volonté, de son
travail opiniàtre, de son économie. Et lors
même que, par impossible, le partage des
biens parviendrait à s'effectuer entre tous les
citoyens, ainsi que certains le demandent,

savez-vous quelle serait la part de chacun ?
Les économistes ont calculé qu'elle s'élèverait
à la somme de deux francs soixante centimes,
de sorte qu'au lieu de trouver des capitalistes
et des patrons pour faire vivre l'ouvrier, nous
serions tous égaux... dans la misère ; c'est là
probablement ce qu'on entend par la suppres-
sion du prolétariat. Si même, contestant cette
évaluation, l'on admet que le partage puisse
produire des résultats plus appréciables, il
arriverait ceci : c'est qu'au bout de quinze
ans, de vingt ans peut-être, le grand génie
qui se nomme Travail aurait encore changé
la face de la nouvelle société. De la part reçue
les uns n'auraient plus rien et seraient redeve-
nus misérables, pendant que les autres se
seraient enrichis, de sorte que l'effroyable
tuerie serait toujours à recommencer. Ils se
gardent bien, ceux qui prêchent le désordre
et la guerre civile, de faire valoir ces arguments ; c'est à vous, jeunes femmes, qu'il
appartient de les produire. Dites à votre mari,
à votre frère, que c'est par la paix et la con-
corde qu'ils pourront arriver à la réalisation
de leurs vœux, et qu'il faut que les ouvriers
s'unissent, non pour détruire, mais pour édi-
fier.

Un des meilleurs moyens, pour l'ouvrier, d'améliorer sa situation présente et d'assurer l'avenir, c'est sa participation aux sociétés mutuelles. Fondées pour la plupart par d'anciens ouvriers, hommes intelligents comprenant la nécessité de l'union et de la solidarité, elles offrent à leurs adhérents des facilités de toute nature, des combinaisons diverses qui leur permettent de se mettre à l'abri de la maladie, du chômage, de la cherté de la vie, et d'assurer en même temps le pain de leur vieillesse. Le but de ces bienfaisantes associations n'est pas seulement pratique et humanitaire, il est aussi moral. Ceux qui en font partie apprennent à se connaître et à s'estimer, en même temps qu'à s'entr'aider et à se soutenir. Ils forment, dans la grande famille française, une famille d'élite, honorable entre toutes, dont les membres s'écartent si rarement de la voie du devoir, qu'un de nos mutualistes les plus distingués, M. H. Maze, député de Seine-et-Oise, disait que parmi eux il n'en avait presque pas rencontré ayant un casier judiciaire. Cela s'explique par le fait que chacun tient à conserver l'estime de tous, et aussi par la force et la tranquillité que donne l'assurance du lendemain.

Nous ne saurions trop insister auprès de vous pour vous engager à faire partie de quelque société mutuelle, dans votre intérêt et celui des vôtres. C'est si peu de chose que d'épargner un ou deux sous par jour, et on en dépense tant d'autres pour des choses inutiles, parfois nuisibles. Si modeste que soit votre salaire, un prélèvement aussi insignifiant ne peut vous gêner beaucoup, il vous sera au contraire favorable en vous accoutumant à l'économie. Des personnes généreuses autant qu'éclairées ont pris, depuis quelques années, la louable habitude de distribuer aux élèves les plus méritants de nos écoles des livrets de caisse d'épargne ou de quelque société mutuelle. Vous êtes peut-être parmi ces heureux lauréats, mais si vous n'avez pas eu ce plaisir, la somme à verser est tellement minime que vous mettrez votre amour-propre à ne pas vouloir rester en arrière. De grâce, ne laissez pas passer le collecteur sans lui donner l'obole qu'il réclame, faites-vous à vous-même l'aumône que vous retrouverez plus tard. Nous voudrions vous donner sur les sociétés mutuelles de notre ville, tous les renseignements nécessaires concernant leur but spécial et leur

fonctionnement, mais cela nous entraînerait
trop loin et sortirait quelque peu des limites
que nous nous sommes assignées. — Toutefois, plusieurs de ces sociétés s'occupant de
l'alimentation à bon marché, nous vous
engageons vivement à leur donner la préférence sur les commerçants ordinaires. On ne
s'expliquerait pas, en effet, que l'on allât
chez l'épicier ou le charcutier payer une
marchandise un certain prix tandis que d'autres établissements l'offrent à qualité égale ou
meilleure à des conditions plus avantageuses.
L'on ne comprendrait pas davantage que
vous attachiez quelque importance à ce fait
que ces commerçants peuvent vous offrir
quelque crédit, car il faut toujours le solder
(nous ne pouvons supposer que vous ayez
l'intention d'agir autrement), et alors vous en
aurez chèrement payé l'intérêt. Il faut bien,
du reste, qu'il en soit ainsi pour compenser
les pertes occasionnées par les malhonnêtes
gens qui ne paient pas. — Dans tous les cas,
les sociétés mutuelles ont une influence essen-
tiellement moralisatrice, puisqu'elles assurent
le bien-être et exigent en échange la probité.

Une des raisons d'être de notre existence et qui en consacre l'utilité, c'est d'être mère. De même que sur l'arbre on cherche le fruit, auprès de la femme on cherche les enfants, sans lesquels il semble qu'il lui manque quelque chose. Quoi de plus noble et de plus doux que de voir s'entr'ouvrir ces jeunes intelligences et de les diriger vers le bien ? Si nous ne reconnaissions la nécessité de faire en toutes choses notre devoir pour les différentes raisons que nous venons d'énumérer, il faudrait encore y rester fidèle pour les chers petits êtres auxquels nous devons, avec la subsistance, l'exemple d'une vie irréprochable et digne. Nous n'avons jamais rencontré une mère n'aimant pas ses enfants, mais nous en connaissons un grand nombre qui croient avoir rempli leurs obligations maternelles quand elles les ont comblés de caresses et satisfait à tous leurs caprices.

Votre premier devoir envers vos enfants en bas âge est de leur donner tous les soins propres à leur assurer une bonne santé pour le présent et pour l'avenir. Si vos occupations ni aucune autre circonstance ne s'y opposent, et sauf avis contraire du médecin, nourrissez-les de votre lait, votre santé s'en trouvera

5

bien et outre une sérieuse économie, vous en
retirerez des satisfactions de, toute nature.
Votre enfant sera ainsi plus avenant et à
l'abri de la plupart des causes de mortalité
qui font tant de petites victimes, surtout
pendant la période estivale. Quelle que soit
la manière dont vous les nourrissiez, n'ou-
bliez pas que la propreté, les soins hygiéniques et le grand air leur sont indispensables.

La première année est toujours la plus
difficile; mais que de douces joies lorsque le
petit être commence à comprendre, à vouloir
vivre ! Ses petites jambes s'agitent, il veut
marcher ; sa bouche bégaie les mots qu'il
entend le plus souvent, et c'est vous la première qu'il appelle. Sans être partisan de la
théorie de Darwin qui nous fait descendre du
singe, il est vraiment intéressant d'observer
la faculté d'imitation innée chez l'homme dès
son berceau. Voyez votre petit enfant encore
incapable de marcher, s'il peut s'échapper de
vos bras, ce sera pour se traîner jusqu'à
l'endroit où vous déposez votre balai, votre
essuie, votre brosse ou tout autre objet dont
vous vous servez fréquemment, et pour essayer d'en faire l'usage qu'il vous en voit
faire à vous-même. Cette disposition natu-

relle s'accentuera au fur et à mesure qu'il avancera en âge, c'est pourquoi il importe de ne lui donner que de bons exemples. Ne faites rien, ne dites rien devant lui que vous ne voudriez lui voir faire ou lui entendre répéter. Etudiez avec soin les premières manifestations de sa volonté naissante, de ce qui sera son caractère propre ; appliquez-vous à le diriger, à en corriger les défauts. Gardez-vous de cet excès de sensiblerie qui porte tant de mères à fausser l'éducation de leurs enfants dans la crainte de leur causer un léger désagrément, facile à supporter à cet âge. De même qu'il est plus aisé d'arracher un bourgeon qu'un vieil arbre, vous extirperez plus facilement un défaut dès son apparition, que si vous le laissez s'enraciner. Ce qui, dès le début, n'est qu'un petit défaut, finit généralement par devenir un grand vice ; or, les vices sont comme les gens de mauvaise compagnie, il ne faut leur laisser prendre pied nulle part, dès qu'ils paraissent, chassez-les au plus tôt. Votre enfant vous saura gré dans l'avenir des efforts que vous aurez faits pour le bien élever, pour former son caractère et son cœur et lui inspirer de bons sentiments. Les enseignements d'une mère

ne sont jamais perdus. L'enfant étourdi plutôt que mauvais peut parfois n'en pas tenir
compte, mais plus tard, devenu homme, il
se souviendra avec attendrissement des soins
dont vous entouriez son enfance, des sages
conseils que vous prodiguiez à sa jeunesse
et qui seront dans la vie son guide le plus
sûr.

Cette mission, la plus noble que nous
puissions être appelées à remplir, demande
de notre part les plus sérieuses réflexions,
nous ne saurions y apporter trop de zèle et
de sagesse. — Une grande dame romaine se
trouvant au milieu de femmes futiles occupées
à se faire voir leurs bijoux, fut sollicitée de
montrer aussi les siens. Elle se fit amener
ses trois enfants qu'elle avait élevés avec le
plus grand soin pour l'honneur de la patrie
et leur dit : Voici mes bijoux, ma plus belle
parure. Imitons l'exemple de cette noble
femme, apprenons à nos enfants à aimer
notre France humiliée et amoindrie, et à
vouloir contribuer à son relèvement, afin
que, quand sonnera l'heure de la justice, elle
trouve des défenseurs prêts à la venger.
Parlons-leur souvent de son histoire, de sa
gloire passée, de ses malheurs, et inspirons à

ces jeunes cœurs un patriotisme ardent et
éclairé jusqu'au jour où tous les peuples
seront frères par la liberté.

DES QUALITÉS QU'IL FAUT ACQUÉRIR

POUR remplir convenablement les devoirs que la famille nous impose,
ainsi que nos autres obligations sociales, il est indispensable que nous possé-
dions les qualités morales qui font le charme
de la jeune fille, de la femme, et l'agrément du foyer domestique. Et parmi ces
qualités nous citerons plus particulièrement
l'amabilité, la bienveillance et l'égalité d'humeur. Nous ne reviendrons pas sur la question de l'affection et du dévouement que nous
devons à ceux qui nous entourent, mais nous
dirons que ces sentiments eux-mêmes paraîtraient imparfaits s'ils étaient pratiqués avec
des manières brusques et un air grincheux.

Mais, nous direz-vous, ce sont là des qualités
natives que l'on ne saurait acquérir. C'est une
erreur ; une femme d'esprit l'a dit avec beaucoup de raison : l'on apprend tout, même à
être bon [1]. Non pas que d'un tempérament
froid et dissimulé l'on puisse faire une nature
franche et généreuse, nous ne le pensons pas ;
mais que de fois nos défauts sont-ils plus
apparents que réels et ne paraissons-nous
mauvaises que parce que nous sommes irré-
fléchies. De même que par le travail nous
pouvons nous procurer le bien-être matériel,
nous pouvons également, par la réflexion, qui
est un travail intellectuel, acquérir les qualités qui, au premier abord, paraissent nous
manquer complètement.

Habituons-nous donc à pondérer notre
caractère, à surveiller notre humeur ; ne faisons rien par emportement ni par caprice.
N'agissons pas et ne disons rien avant d'avoir
mûrement pesé les conséquences de nos actes
et de nos paroles. Croyez-vous que telle jeune
femme se laisserait si facilement aller à la
médisance, si elle réfléchissait à l'inconsé-
quence de sa conduite ? Nos pères, dans leur

(1) Marie Vallière (*Les Heures Grises*).

langage imagé, disaient qu'il faut se mordre la langue sept fois avant de parler, pour indiquer que nous ne saurions trop réfléchir avant d'incriminer les actions de notre prochain ; aussi l'obligation de veiller sur notre langue est-elle la première que nous devons nous imposer. Toutes les fois que nous entendons une femme faire sur quelqu'un des observations défavorables, nous sommes invariablement portée à supposer qu'elle a beaucoup de choses à se reprocher, et qu'elle imite ainsi ce charbonnier qui, pour se nettoyer, se frotte contre le mur ; il ne réussit pas à se blanchir, mais seulement à salir le mur. De même la personne qui n'a pour les autres que blâme et condamnation se fera sévèrement juger ; elle ne rencontrera aucune sympathie, même dans les circonstances les plus pénibles. Que de fois n'avez-vous pas entendu dire : C'est vrai, c'est un grand malheur qui lui arrive, mais, après tout, c'est bien fait pour elle, elle était trop médisante ! elle avait une langue de vipère !

Soyons donc, en toutes circonstances, bienveillantes et bonnes ; si quelqu'un devant nous cause inconsidérément, laissons parler et cherchons, s'il se peut, des excuses à ceux

que l'on critique. Pratiquons envers les autres
la tolérance et l'indulgence dont nous-même,
peut-être, aurons besoin plus tard. Disons-
nous que si telle personne agit mal, nous
ignorons dans quelle situation elle s'est trou-
vée, quelles difficultés elle a rencontrées, et
ce qu'à sa place nous eussions fait nous-
même. Une femme d'esprit ne trouvera donc
aucune raison pour médire, et toutes sortes
de raisons pour l'éviter.

Si nous ne sommes pas douée d'un caractère égal et facile, ce sera un grand désagrément pour nous-même et pour notre entourage, mais il ne faut pas pour cela désespérer.
En nous observant sans cesse, en nous y
appliquant, nous arriverons facilement à nous
corriger de ce défaut, ne serait-ce que par
amour-propre, pour ne pas donner aux autres
le spectacle d'une girouette tournant à tout
vent, ne sachant ni ce qu'elle veut, ni ce
qu'elle a. Rien ne saurait excuser un changement non motivé dans notre humeur, pas
même l'état de notre santé. Notez qu'il est
maintenant de très-mauvais ton « d'avoir ses
nerfs », c'est ridicule et complètement démodé.

La bonne humeur nous sera d'un grand
secours dans les circonstances difficiles de la

vie, et nous donnera une grande force d'âme pour en supporter les épreuves. Jeunes filles qui voulez être jolies et qui vous désolez parfois de ne pouvoir vous procurer une vaine parure, il en est une que la nature vous offre, c'est le franc et gai sourire qui est, dit le poète, comme l'épanouissement d'une fleur. Prenez garde de vous laisser aller à faire la *moue*, votre physique n'y gagnerait rien. Nous connaissons des personnes tellement rageuses, toujours mécontentes des autres et d'elles-mêmes, que lorsqu'un sourire vient par hasard s'égarer sur leur physionomie, il fait l'effet d'une grimace. Est-il rien de plus déplaisant qu'une femme acariâtre, revêche, capricieuse, et quel vilain type que celui de pie-grièche !

L'on nous reproche souvent, et non sans raison, d'attacher trop d'importance à notre toilette, et de trop sacrifier pour la parure. Aussi sommes-nous intérieurement bien flattées quand, passant auprès de quelqu'un, nous entendons murmurer discrètement : Voyez cette jeune personne, est-elle charmante ? Ce mot résume l'une des aspirations les plus naturelles de la femme : être charmante, que ne ferions-nous pas pour cela, et quel plaisir de

l'entendre dire. Mais êtes-vous bien certaine
que ce compliment s'adresse seulement à
votre toilette? Ce serait vraiment trop de mo-
destie de votre part. L'on vous trouve charmante pour votre tenue soignée et décente,
pour votre air souriant, pour l'ensemble de
votre personne dont se dégagent l'amabilité,
la gaieté, plaisants attributs de la jeunesse.
Essayez de vous montrer avec une figure
maussade et en parlant durement aux personnes de votre société, vous verrez si vous
obtiendrez le même succès. Ainsi donc, si
nous n'étions aimable par nature, par devoir ou par raison, il faudrait l'être par cette
coquetterie innée chez la femme, par cette
assurance que l'amabilité donne plus de grâce
et de charme à notre visage que la plus jolie
toilette n'en saurait donner à notre corps.
Cette qualité rehausse la moindre de nos actions et donne du prix au plus léger service.
Elle est indispensable au même titre que la
politesse, qui sans elle paraîtrait ou froide ou
banale. Il faut la pratiquer à tout âge, dans
toutes les positions de fortune, dans toutes les
circonstances de la vie. Elle dispose en notre
faveur, aide à aplanir bien des difficultés et
sert à nous faire aimer, même si nous ne

sommes pas jolies et si nous avons cessé
d'être jeunes, car elle nous donne l'apparence
de la bonté, et il n'y a que la bonté qui puisse
faire aimer une vieille femme.

Si à ces qualités nous joignons quelques
avantages intellectuels, notre société sera ainsi
la plus plaisante et la plus agréable que l'on
puisse souhaiter. Notre mari et les autres
membres de notre famille n'auront plus pour
nous délaisser cette excuse, que nous ne savons rien, que nous sommes incapable de
raisonner des questions à l'ordre du jour,
qu'en un mot nous ne sommes pas dans le
mouvement, et que pour causer et se dis-
traire il faut aller au café. Pour être une
femme distinguée, il ne suffit pas d'avoir
bonne tournure; si nous ambitionnons ce
titre, il faut nous appliquer, dans la mesure
du possible, à augmenter nos connaissances,
à élever notre niveau intellectuel, de sorte
que si quelqu'un des nôtres cause devant
nous des grandes questions économiques et
sociales qui intéressent tout le monde, il n'ait
pas l'air de parler grec. Nous en retirerons
des avantages de toutes sortes, d'abord en
nous trouvant plus facilement en conformité
de vues avec notre mari, ensuite en devenant

capable de comprendre et d'apprécier les évolutions et les progrès qui s'accomplissent autour de nous. Il n'est pas nécessaire pour cela
d'être savante ; l'instruction la plus élémentaire, celle qu'a consacrée l'obtention de notre
certificat d'études, y suffit largement, surtout
si nous savons l'étendre par la réflexion et
d'utiles lectures. Cela ne saurait nuire à l'accomplissement de nos devoirs familiaux ; car,
de même que l'on peut être une femme charmante sans connaître la chimie et une bonne
mère sans rien comprendre aux évolutions
des astres, l'on peut être également bonne
fille, bonne épouse, bonne mère en s'occupant
des choses de l'esprit, et on le sera même
d'autant plus que l'intelligence sera mieux
cultivée. Car nous devons toujours garder le
sentiment de notre dignité ; si la nature et
plus encore la nécessité font de nous la servante de l'homme, nous ne saurions lui permettre de nous considérer absolument comme
une machine à faire la soupe et à raccommoder les chaussettes.

Si donc nos occupations nous laissent quelques instants de loisir, c'est sans contredit
à la lecture que nous les emploierons le plus
utilement. Gardons-nous de cette littérature

frivole, de ces romans plus ou moins stupides qui fausseraient notre esprit, troubleraient notre cœur sans aucun profit pour notre intelligence. Donnons la préférence aux ouvrages sérieux, œuvres d'auteurs de talent, il n'en manque pas, dont les observations, quelle qu'en soit la nature, serviront de complément à notre instruction, ou aux organes de la presse modérée, qui reflètent le mieux l'opinion du pays et qui nous tiendront au courant de ce qui se fait autour de nous. Tirons aussi de l'oubli où souvent nous les laissons nos livres d'éducation, ce serait une erreur de croire qu'ils ne peuvent être nécessaires qu'à notre première jeunesse; nous serons tout étonnées, en les relisant, du profit que nous en pouvons tirer encore, et des sages conseils, des utiles remarques qui, autrefois, avaient échappé à notre inexpérience. Ayons sans cesse devant les yeux le but à atteindre, qui consiste à nous élever en capacités, en intelligence et en vertu pour être à la hauteur de la mission que nous sommes appelées à remplir. La femme moderne ne doit être ni frivole, ni vulgaire ; il lui faut savoir se tenir à égale distance de ces deux choses qui la rendraient indigne, et mettre son orgueil à se

rendre utile à elle-même, à sa famille et à la
société.

RAPPORTS AVEC LES VOISINS

L'ON a écrit sur le savoir-vivre, la politesse, la façon de se conduire dans le
monde et avec le monde, des ouvrages
d'une incontestable utilité, pleins de bon sens
et de raison. Ces ouvrages et les règles qui
y sont exposées s'adressent généralement à la
classe riche ou aisée de la société; il n'en
existe pas, à notre connaissance, qui puisse
servir de guide dans la plupart des cas aux
personnes de la classe ouvrière. Nous n'avons
pas l'intention de faire double emploi avec
ces écrits, cela nous entraînerait hors de notre
sujet; nous ne pouvons que vous engager à
les lire; vous y trouverez de précieuses indi-
cations. Mais il est une lacune que nous vou-

drions combler en vous disant quelques mots
des usages que vous ferez bien d'observer
dans vos rapports avec le voisinage.

Tout le monde ne peut avoir une habitation
particulière ; vous serez probablement obligée,
pour des motifs d'économie, de vous loger dans
une maison habitée par plusieurs locataires,
de là une promiscuité souvent désagréable et
gênante ; il faudra vous armer de patience et
vous apprêter à supporter philosophiquement
les ennuis qui en résultent. Dans la plupart
de ces maisons, où la place est mesurée avec
parcimonie et où l'on ne peut se mouvoir sans
incommoder quelqu'un, il faudra vous resserrer le plus possible et éviter en toute occasion de gêner les autres. Quel que soit le
tapage qui déchire vos oreilles ou la malpro-
preté qui offusque vos yeux, il faudra vous y
résigner et ne jamais trouver à redire à quoi
que ce soit, pour éviter des contrariétés sans
cesse renaissantes. Si les désagréments dont
vous souffrez étaient vraiment trop graves, il
vaudrait mieux chercher un appartement ailleurs que de vous exposer à vous faire des
ennemis de vos voisins ; ce qui serait pour
vous un supplice intolérable. Il faut d'ailleurs
savoir se supporter mutuellement et ne pas

faire aux autres ce que nous ne voudrions pas
qu'ils nous fissent à nous-mêmes. Certaine
société mutuelle, qui s'occupe de l'améliora-
tion du logement de l'ouvrier, vous procurera
une habitation saine et à bon marché; ce qui
vous permettra d'éviter en partie ces inconvénients.

Le meilleur moyen pour rester en bons
termes avec vos voisins est d'observer envers
eux la plus grande réserve en même temps
que la plus exquise politesse. Ne passez jamais auprès d'eux sans les saluer, adressez-
leur à l'occasion quelque parole aimable,
rendez-leur service toutes les fois que vous le
pouvez, mais évitez avec soin les fréquentations et les commérages; ils sont dangereux à
tous les points de vue et amènent avec eux
des montagnes de désagréments. Si quelqu'un
d'entre eux paraît vouloir entrer dans cette
voie, vous trouverez toujours quelque prétexte poli pour vous en débarrasser, vos occupations de ménagère économe et sérieuse ne
vous permettent d'ailleurs pas de perdre votre
temps. Si c'est une voisine qui vous gêne par
sa présence, vous aurez quelque course à
faire au moment opportun, et si c'est une
conversation à laquelle on vous a conviée qui

menace de se prolonger outre mesure, vous
trouverez toujours une excuse plausible, un
travail pressant à faire ou votre graisse qui
risque de brûler, pour vous y soustraire. Il
est toujours gênant d'avoir auprès de soi des
étrangers qui commentent vos actions ; votre
mari, qui aime à être libre chez lui, s'en mon-
trerait peu satisfait, d'autant plus que ce ne
sont pas toujours de sages conseils ni de bons
exemples que vous pouvez en retirer.

Il va sans dire qu'une personne bien élevée
ne se permettra jamais la moindre ingérance
dans les affaires personnelles de ses voisins,
ni la plus petite observation ayant trait à leur
vie privée. Vous devez feindre d'ignorer ce
qui se passe chez les autres, et si vous les
blâmez intérieurement, n'en rien laisser paraître. Gardez-vous de vous laisser aller à
l'envie et à la jalousie, c'est là généralement
la cause de la malveillance avec laquelle les
femmes se jugent entre elles. Si vous êtes
affligée de ces mauvais sentiments, il faut les
dissimuler avec soin et veiller particulièrement à ne jamais manquer de politesse envers
la personne qui en est l'objet, car alors vous
feriez preuve de sottise, de grossièreté et d'un
manque absolu d'éducation. Nous avons été

témoin dernièrement à ce sujet d'un petit fait
qui nous donna une triste opinion du caractère de celle qui en fut l'auteur.

Nous allions rendre visite à une de nos
amies, jeune femme élégante et distinguée,
habitant avec sa famille un quartier des plus
paisibles de notre ville, lorsqu'arrivée à une
petite ruelle très proche de sa maison, nous
aperçûmes assez loin devant nous sa mère
revenant de la boulangerie. Nous vîmes également une jeune femme que nous avions déjà
rencontrée à cet endroit et qu'à sa tenue
nous avions prise pour la servante d'une
ferme voisine. Elle regarda venir la mère de
notre amie, et au moment où elle passait, au
lieu de la saluer poliment ou tout au moins
de ne rien laisser paraître, elle rentra en fer-
mant violemment la porte, sans que cette
vieille dame l'eût en rien provoquée. Et
comme nous en faisions l'observation à notre
amie; celle-ci nous dit : C'est toujours ainsi;
croirais-tu, que cette femme, que nous ne connaissons pas, nous témoigne en toute occasion de la malveillance. Lorsque je passe
devant sa porte elle sort de chez elle pour me
regarder et elle reçoit impoliment les personnes qui par mégarde s'adressent à elle et

demandent notre adresse ; que serait-ce donc
si nous devions vivre ensemble dans la même
maison ! Mais, répondîmes-nous, férue de
notre idée que ce devait être quelque domestique, ses maîtres devraient la tancer sévèrement pour son inconvenance. — Ses maîtres !
mais c'est elle qui est la maîtresse, c'est même,
à ce qu'il paraît, la fille d'un instituteur. Elle
ne nous aime pas, je n'en connais pas la raison. Va, j'en suis bien désolée, j'en perds
l'appétit et sûrement j'en mourrai, s'écria
notre amie, enfant terrible, avec une mimique
à faire éclater de rire un moellon. Nous ne
pûmes nous empêcher de faire cette réflexion
que cette personne avait fort peu profité des
leçons de bienséance que bien certainement
son père avait dû lui donner. Evitons donc
de nous rendre ridicules par de pareilles sot-
tises ; soyons aimables autant que possible et
polies toujours, même envers les voisins que
nous n'aimons pas, c'est là un des moyens de
nous faire respecter.

ÉDUCATION PRATIQUE

CONSIDÉRATIONS MORALES SUR LES VERTUS
PRATIQUES DE LA FEMME

Nous avons dit quelques mots des qualités morales indispensables à toutes les femmes dans toutes les classes de la société, permettez-nous maintenant d'aborder le chapitre non moins urgent des vertus pratiques nécessaires à toutes et indispensables aux jeunes filles, aux jeunes femmes dans une situation peu fortunée. Pardonnez-nous si ce sujet, que nous voudrions traiter pour votre profit, nous entraîne à certaines considérations tout intimes que vous serez tentées de qualifier de petits détails. Nous sommes persuadée qu'en ce qui concerne notre ménage il n'y a pas de détails inutiles, et qu'il en est en tout cas de très utiles à rappeler, puisque la plupart des personnes les oublient si facilement.

Si nous sommes spirituelles, aimables, d'égale humeur, nous serons certainement charmantes, mais cela ne saurait suffire. Ventre affamé n'a pas d'oreilles, dit-on. Notre père, notre mari, si sensibles à nos prévenances, à nos caresses, ne le seront pas moins à un bon dîner, à leur habitation bien tenue. Ils apprécieront même d'autant mieux les agréments de notre esprit et de notre caractère que nous saurons les faire jouir d'un plus grand bien-être, d'une aisance relative.

Le travail, l'ordre et l'économie sont les vertus indispensables à toute femme soucieuse de son bonheur et de celui des siens. Bien souvent, les gains du chef de la famille sont insuffisants pour subvenir à tous les besoins; notre devoir est alors évident : il nous faut travailler pour gagner quelque argent et augmenter nos ressources. Nous vous ferons remarquer qu'il est préférable de travailler, même durement, que de s'exposer à subir des privations dont les conséquences seraient d'altérer notre santé et d'assombrir notre humeur, car on ne peut être ni bien portant, ni gai, quand on manque du nécessaire. Lors même que les ressources dont nous disposons pourraient suffire à notre existence, il faudrait travailler encore pour réaliser quelques économies, ne serait-ce que pour donner satisfaction au brave travailleur qui ne nous marchande ni ses sueurs, ni ses peines. L'homme qui gagne convenablement sa vie n'aime pas à penser qu'à la moindre adversité il peut tomber dans la misère. S'il peut dire : je gagne tant par jour et il n'en reste rien, ce n'est pas encourageant pour lui; n'est-il pas à craindre qu'il se croie autorisé à détourner une partie de son salaire, à se relâcher de ses habitudes d'économie, en arguant, pour ne pas se gêner, que nous ne nous gênons pas nous-même ? Ce raisonnement serait peut-être excusable de sa part, si nous y donnions lieu par quelque négligence dans l'accomplisse- ment de nos devoirs.

Nous devons donc travailler dans la mesure du possible, à moins que, surchargées de

famille, le soin de nos enfants et de notre
ménage ne nous en laisse pas le temps. Toutefois, nous estimons qu'une femme ayant moins
de trois enfants, doit pouvoir gagner quelque
argent. Il ne manque pas, dans notre grande
ville, de métiers faciles à exercer, même si
nous n'avons pas de profession, ou si celle-
ci, trop minutieuse, ne peut se concilier avec
nos obligations de mère de famille. Ne vous
laissez pas décourager par la modicité de
votre salaire, ne dites pas : à quoi bon se
donner tant de peine pour gagner si peu ?
Votre gain ne serait-il que de cinquante
centimes par jour en moyenne, cela fait
quinze francs par mois, de quoi payer une
petite location, et n'est-ce pas là ce qui, généralement, embarrasse le plus les petits
ménages ? L'on se nourrit toujours, l'on
s'habille comme on peut, mais lorsqu'il faut
à jour fixe trouver l'argent du loyer, que de
gène et de contrariété, et quelle vilaine figure
on trouve à son propriétaire quand on n'a
pu économiser de quoi le payer. Si donc
vous pouvez par votre travail subvenir à cette
obligation ou à toute autre, vous auriez grand
tort de vous en dispenser.

Le travail acquiert et l'économie conserve :

ces deux qualités nous sont donc indispensables si nous voulons améliorer notre situation. Nous ajouterons qu'elles sont inhérentes l'une à l'autre, surtout chez la femme, moins exposée que l'homme aux entraînements du dehors. La femme qui travaille et qui sait combien de peines représente une pièce de monnaie, y regardera à plusieurs fois avant de la dépenser inutilement. De même si, par extraordinaire, une femme pouvait être économe sans être travailleuse, elle le deviendrait en raison du profit qu'elle en peut retirer.

La véritable économie ne consiste pas, comme certaines personnes paraissent le croire, à nous refuser les choses nécessaires à la vie; c'est là une erreur qui constitue ce que l'on est convenu d'appeler une économie coûteuse. Il faut au contraire chercher à nous procurer tout le bien-être compatible avec nos ressources, à condition toutefois de ne les pas absorber complètement, et d'épargner toujours quelque chose pour la vieillesse et les moments difficiles. Le bien-être est un besoin inné chez l'homme, et plus ou moins développé selon son degré d'intelligence et d'éducation. Il exerce une

influence considérable sur notre santé, notre
caractère, nos mœurs et les conditions géné-
rales de notre existence. Nous ne pouvons
nous le procurer, si nous sommes pauvres,
qu'à des conditions déterminées. La première
est de savoir en régler également toutes les
parties, car il ne consiste pas seulement à
bien manger, à se bien vêtir, à se loger con-
fortablement, mais en toutes ces choses
réunies dans la mesure du possible. Si vous
dépensez trop pour l'une d'entre elles, vous
serez forcément obligée de vous restreindre
sur les autres, et vous n'aurez pas un bien-
être complet. C'est en cela que consiste l'art
de la vraie ménagère ; il lui faut, pour réaliser
cet idéal, une certaine intelligence et une assez
longue pratique du ménage. Cette expérience
pouvant faire défaut à la plupart des jeunes
personnes, c'est pour y suppléer et en vue de
faciliter votre tâche que nous vous donnerons
plus loin quelques conseils appuyés de
quelques chiffres.

Etablissez donc votre budget de manière à
avoir de tout un peu, si vous ne pouvez
davantage, sans oublier de porter une certaine
somme à la réserve. Ne dites pas : j'épargnerai
s'il m'en reste ; mais, au contraire, je ne

dépenserai que ce qui me restera après avoir prélevé sur mon salaire de chaque mois ou de chaque semaine quelque chose pour l'avenir.

Cette question de l'avenir est celle qui sans cesse doit nous préoccuper. Nous ne serons malheureusement pas toujours jeunes et valides, la vieillesse arrivera, amenant avec elle son cortège d'infirmités. Peut-être même, jeunes encore, serons-nous accablés par la maladie, par des adversités de toutes sortes ; peut-être aurons-nous à souffrir du chômage ou d'une diminution de notre salaire. Ce sont là toutes choses qu'il convient de prévoir, car, il faut bien l'avouer, l'imprévoyance de l'ouvrier est souvent la cause de ses maux. Combien parmi eux qui, après avoir eu pendant longtemps des gains relativement élevés, se sont trouvés, dans leur vieillesse ou au moindre revers, précipités dans la plus profonde misère. Epargnons donc pendant que nous le pouvons ; si nous sommes dans une situation relativement aisée, profitons-en pour réaliser des économies plus appréciables, et si nous nous trouvons dans une condition difficile, songeons qu'elle peut le devenir encore davantage. Épargnons toujours si peu que ce soit.

La sage économie dont vous ferez preuve sera d'un bon exemple pour votre mari, qui osera moins se permettre des dépenses inutiles. Encouragé d'ailleurs par les bons résultats de votre prévoyance, il aura à cœur de contribuer à votre œuvre, sa conduite sera meilleure, la paix de votre ménage plus assurée. Ainsi, l'économie, l'ordre et le travail vous procurent à tous les points de vue d'incontestables avantages.

LA JOURNÉE D'UNE MÉNAGÈRE. — TENUE DE LA MAISON ET TENUE PERSONNELLE

L ne suffit pas, dit un vieux proverbe, de se lever matin, il faut arriver à l'heure. Nous ne vous conseillerons donc pas de suivre l'exemple de certaines personnes qui, debout dès l'aube et se couchant tard, ne produisent néanmoins qu'une somme de travail tout-à-fait insuffisante. Ce régime ne tarderait pas à altérer votre santé ; vous avez tout intérêt à vous occuper sérieusement pendant la journée et à ne pas la prolonger outre mesure. Il sera généralement suffisant que vous vous leviez à cinq heures en été, à six heures en hiver, et quant à continuer fort tard votre travail, nous ne

saurions vous y engager. Votre vue s'affai-
blirait bientôt et les dépenses de lumière et
de chauffage en hiver qu'occasionneraient vos
veilles absorberaient la plus grande partie de
votre supplément de gain, vous auriez ainsi
travaillé sans profit; le mieux est de ne pas
prolonger votre journée au delà de neuf
heures du soir. Vous ne pouvez du reste pas
faire davantage, la force humaine a une
limite qu'il ne faut pas dépasser; nous ris-
querions, en voulant l'excéder, de compromettre notre santé, de contracter quelque
maladie qui coûterait fort cher à soigner et
nous empêcherait de gagner notre vie. Le
soin de notre santé est sans contredit la
meilleure économie que nous puissions faire;
il faut chercher à le concilier avec nos autres
obligations. Il existe une hygiène spéciale
pour tous les actes de la vie, il faut s'y
conformer rigoureusement, c'est le moyen de
conserver ce grand bien, la santé, qui tient
lieu de beaucoup d'autres, et sans lequel les
autres ne sont rien. Vous agirez donc sagement en occupant consciencieusement votre
temps, en ne perdant pas une minute pendant
la journée et en prenant d'autre part le repos
nécessaire pour récupérer vos forces. De cette

façon, vous travaillerez mieux et plus vite.

Votre première occupation, après que vous serez lavée et peignée et que vous aurez pris votre premier repas du matin, sera de vaquer aux soins de votre ménage. Vous remettrez d'abord en ordre votre literie, qu'en vous levant vous aurez pris soin d'exposer à l'air, puis vous brosserez votre parquet, secouerez vos tapis et essuierez vos meubles. Il sera bon qu'après chaque repas vous laviez votre vaisselle, afin d'éviter l'encombrement et de l'avoir toujours propre à votre disposition. Si votre ménage est entretenu avec soin, il ne vous demandera chaque jour que peu de temps. Il suffira qu'une fois par semaine, c'est généralement le samedi que les ménagères choisissent pour cela, vous fassiez le grand nettoyage, c'est-à-dire laver vos carreaux et vos glaces, récurer vos cuivres et votre ferblanterie, remettre en cire vos parquets, si telle est votre habitude. Nous vous engageons à cirer votre plancher plutôt qu'à le laver, ce dernier moyen ayant l'inconvénient de donner de l'humidité et d'éclabousser les meubles. L'humidité est ennemie de la propreté autant que de la santé; dans une maison humide, rien ne reste en bon

7

état, pas même notre corps, puisque nous y
pouvons contracter des douleurs et des
rhumatismes. C'est pourquoi il faut prendre
soin d'aérer le plus possible votre appartement ; ne craignez pas, lorsque le temps le
permet, de laisser vos fenêtres ouvertes, au
risque de voir pénétrer chez vous la poussière,
ce qui est désagréable, nous en convenons,
mais de deux inconvénients il faut choisir le
moindre. Il serait superflu de vous dire que
les recoins de votre appartement doivent être
aussi propres que l'endroit le plus visible, et
ne doivent en aucune façon servir de récep-
tacle à toutes sortes d'objets dont la place
est ailleurs.

Une fois votre ménage remis en ordre, il
vous restera généralement un peu de temps
en attendant l'heure de préparer votre déjeuner. Vous l'emploierez soit à laver, à confectionner ou raccommoder le linge et les
vêtements de la famille, soit à exercer votre
profession. Ne manquez jamais d'échanger
contre des vêtements plus convenables ceux
qui, sans être malpropres, vous servent depuis votre lever pour procéder à votre nettoyage. Il est indispensable que vous soyez
en tenue propre et soignée pour l'heure à

laquelle doivent revenir vos parents ou votre mari, ainsi que pour le cas où vous auriez à sortir pour acheter quelques provisions. Une jeune fille, une femme qui se respecte, ne se montrera jamais, ne serait-ce que sur le seuil de sa porte, sans être coiffée et vêtue proprement. Il n'est pas nécessaire d'être élégante, mais si modeste, si pauvre même que soit votre mise, elle peut, elle doit être toujours d'une rigoureuse propreté.

Lorsque vous aurez terminé votre déjeuner et remis en place votre vaisselle, il vous restera tout le temps de l'après-midi pendant lequel vous pourrez vous occuper sérieusement. Ne perdez pas une minute de ce temps si précieux et malheureusement si court, songez que l'heure de préparer le repas du soir arrivera vite. S'il vous est possible de travailler pour le monde, calculez ce que vous pouvez gagner en ces quelques heures, et combien cette somme, chaque jour répétée, peut vous être utile dans votre maison. Si vous avez beaucoup d'enfants et que vous perdiez votre temps, songez que ceux-ci seront les premiers à en souffrir ; votre ouvrage ne se fera pas, vous serez débordée ; le linge, les vêtements ne seront pas entre-

tenus convenablement, il faudra les renouveler
plus souvent et se priver pour cela d'autres
choses non moins indispensables. Ne manquez
pas de préparer le repas pour l'heure à
laquelle doivent rentrer ceux des vôtres que
leurs occupations appellent au dehors. Ceux-
ci, qui, souvent, reviennent harassés de
fatigue, seront heureux de se réconforter par
une bonne nourriture, de se reposer auprès
de vous, aimante et douce, dans leur habitation saine et bien tenue. Ils vous sauront
gré des efforts que vous ferez pour leur procurer ce bien-être qui leur donnera du cou-
rage et de la force pour recommencer le
lendemain leur pénible labeur.

Aussitôt votre repas du soir terminé, vous
rangerez votre vaisselle, balaierez votre maison et veillerez soigneusement à ce qu'aucune
émanation, soit de cuisine, soit de chauffage, ne s'y concentre ; il faudra pour cela
laisser vos fenêtres ouvertes pendant un
certain temps avant de vous coucher.

Lorsque vous aurez ainsi, pendant toute la
semaine, rempli vos obligations de bonne
ménagère, vous aurez mérité de prendre le
dimanche quelque distraction. Choisissez de
préférence une promenade au grand air, il

n'est rien de plus hygiénique, mais gardez-
vous bien de dépenser ce jour-là ce que vous
avez eu tant de peine à gagner pendant la
semaine. C'est pourquoi nous vous faisons
observer qu'il est préférable de sortir le
dimanche, qui est le jour consacré au repos
du plus grand nombre, et pendant lequel
vous trouverez des distractions peu coû-
teuses.

✳

Rois jeunes gens, excellents camarades pourtant, se querellaient entre eux. Moi, disait l'aîné, je vous surpasserai tous, je serai médecin, je deviendrai célèbre et riche. — Moi aussi, dit le plus jeune, je serai médecin, mais comme j'aurai plus de talent que toi, je te prendrai ta clientèle, il ne te restera d'autre ressource que d'essayer de te faire élire député. — Vous vous trompez, mes bons amis, dit le troisième, vous ne ferez rien ni l'un ni l'autre, car moi, je serai cuisinier ! — Fi donc, monsieur le gâte-sauce, s'écrièrent en chœur les deux premiers ! —

Oui, reprit-il, je serai cuisinier, et puisque
vous comptez sur les malades pour faire
votre position, j'empêcherai qu'il y en ait. La
plupart des médicaments, presque toujours
répugnants, que vous rêvez d'imposer à vos
clients, je les donnerai aux gens bien portants
sous la forme d'une nourriture confortable et
saine. A vos reconstituants, à vos dépuratifs,
j'opposerai d'excellent bouillon, d'appétissants
rosbifs, des plantes alimentaires sagement
employées, je leur conserverai ainsi la santé,
ils n'auront pas besoin de vos soins et il ne
vous restera plus à soigner que les .maux de
dents et les jambes cassées.

Ce jeune homme avait évidemment raison,
une bonne nourriture dispense souvent d'aller
chez le médecin, car elle prévient un grand
nombre de maladies, et même dans bien des
cas, la nourriture dirigée par une personne
intelligente, ayant quelques notions d'hygiène, peut constituer à elle seule tout un
traitement. Cette question des connaissances
hygiéniques se rattachant à l'alimentation a,
à notre avis, une importance très grande, tant
au point de vue sanitaire qu'à celui de l'économie domestique. Par exemple une jeune
femme ayant ces connaissances ne couchera

pas ses enfants après leur avoir donné pour dîner de la pâtisserie ou une tartine de beurre. Elle usera d'autre part de toute son influence pour proscrire de sa maison l'usage des boissons alcooliques qui produisent de si funestes résultats. Elle fera une part égale aux mets reconstituants, tels que potages gras, viandes saignantes, et aux plantes dépuratives et rafraîchissantes, de manière à prévenir à la fois l'anémie et l'échauffement.

La nourriture, qui constitue la plus forte dépense du ménage, demande à être réglée d'une façon particulièrement sérieuse ; la plupart des jeunes personnes ne nous paraissent pas y attacher toute l'importance qu'elle comporte. Mais, nous direz-vous, tout le monde ne peut avoir une bonne nourriture, pour la raison bien simple que l'on ne peut pas toujours y mettre le prix. Nous vous ferons remarquer que l'alimentation, pour être saine et confortable, n'a pas besoin d'être composée de mets recherchés ; c'est au contraire la nourriture la plus simple, la plus naturelle, qui est la meilleure. N'avez-vous pas souvent entendu dire à bien des gens qu'ils préfèrent une fricassée de pommes de terre bien faite à un plat de viande mal réussi, c'est-à-dire que la

nourriture tire son principal agrément du
talent de la cuisinière et de la régularité avec
laquelle elle est dirigée? Il serait en effet très
mauvais à tous les points de vue que vous
fissiez excès de table pendant que votre bourse
est bien garnie, au risque de vous imposer de
dures privations en attendant d'autres ressources.

C'est donc à savoir parfaitement faire la
cuisine que toute bonne ménagère devra s'in-
génier. Elle réalisera ainsi d'importantes économies, car il est prouvé qu'une bonne cuisinière fait mieux à peu de frais qu'une autre
avec une forte dépense. Ce talent n'est pas fort
difficile à acquérir, il suffit d'y apporter quelque attention ; si vous n'avez pas réussi
quelque mets ou si l'assaisonnement vous en
a paru trop coûteux, faites une autre fois
d'une manière différente et toujours ainsi jusqu'à entière satisfaction. Nous n'avons pas
l'intention d'empiéter ici sur les attributions
des livres de cuisine, nous nous permettrons
néanmoins de vous donner quelques conseils
concernant l'économie de la nourriture, conseils que ces publications ne sauraient relater.

Nous l'avons dit, l'ouvrier n'est assuré du
nécessaire qu'autant qu'il sait se refuser le

superflu ; cette règle, que vous devrez observer
en toute circonstance, il faudra l'appliquer
également à la nourriture. Bannissez de votre
alimentation toutes les choses dont vous pouvez vous passer sans altérer votre santé ; le
superflu est d'ailleurs aussi nuisible en toutes
choses que l'insuffisance.

Vous ferez bien de réserver pour votre
dîner le meilleur morceau dont vous pourrez
disposer, c'est ce repas dont l'influence,
bonne ou mauvaise, se fait le mieux sentir.
Pour le repas de midi, une fricassée de
pommes de terre ou de légumes quelconques,
avec ou sans viande, et autant que possible
une salade, constitueront un déjeuner suffisant. Nous vous engageons à choisir de
préférence, pour votre salade, le pissenlit, le
cresson et la laitue, en raison de leurs pro-
priétés particulières. Les légumes verts ou
secs, selon la saison, vous permettront de
servir un plat abondant et peu coûteux ; vous
donnerez toujours la préférence à la pomme
de terre ; il n'est pas de légume qui puisse
vous fournir un aliment plus sain, plus
économique et d'autant plus agréable qu'on
peut l'assaisonner de tant de manières différentes. Les œufs et le poisson, au moment où

ils sont à bon marché, vous serviront à varier
le menu de votre semaine.

Votre dîner se composera soit d'un potage
gras avec la pièce de bœuf, soit d'un potage
maigre avec un plat de viande. Le potage gras
se fait avec du bœuf de première qualité et
de première fraîcheur ; nous insistons sur ce
dernier point d'autant plus qu'il n'en coûte
pas plus cher. Si vous voulez obtenir un
excellent bouillon, il est indispensable de le
laisser cuire pendant six heures au moins, à
partir du moment où vous avez écumé ; vous
trouverez peut-être votre bœuf trop cuit,
mais on ne peut tout avoir. Si vous n'êtes
que très peu de monde, trois personnes par
exemple, vous aurez intérêt à faire du bouillon
pour plusieurs jours, il sera ainsi meilleur
avec une moindre quantité de viande. En ce
cas, un kilog. de bœuf vous fournira du
bouillon de bonne qualité pour quatre jours,
ce qui fait 250 grammes par jour ; or, avec
cette quantité employée séparément, il est
impossible d'obtenir un bouillon suffisant. Il
est toutefois indispensable, pour le conserver,
de le passer au travers d'une passoire très
fine et de le mettre dans une soupière de
porcelaine ; vous le garderez ainsi pendant

trois jours en été et jusqu'à six jours en
hiver. Il faut bien observer de ne mettre les
légumes qu'une heure et demie au plus
avant de servir.

Il est nécessaire de varier autant que possible votre nourriture afin de la rendre plus
agréable, et dans ce but vous agirez sagement
en faisant des conserves de légumes au moment opportun. Si vos ressources ne vous le
permettent pas, vous pourrez toujours conserver de l'oseille, un panier de un franc vingt-
cinq centimes suffit à un petit ménage pour
passer l'hiver : vous la ferez cuire à petit feu
avec 500 grammes de sel. Elle vous servira à
faire d'excellent potage apéritif et nourris-
sant, surtout si vous y joignez une purée de
pommes de terre. Vous ferez aussi des potages aux poireaux, à l'oignon, aux choux. La
soupe au lard ou au jambon avec des choux
et autres légumes, constitue un mets agréable
et peu coûteux; si vos enfants ont l'estomac
délicat, vous pourrez réserver votre plat pour
le lendemain à midi et le remplacer par de la
viande. Si vous avez beaucoup de monde à
nourrir, nous vous engageons à faire votre
potage pour le soir et le premier repas du
lendemain, il remplacera avantageusement le

café au lait trop débilitant et peu convenable
pour certains tempéraments, ainsi que le
chocolat trop coûteux.

Si les ressources dont vous disposez vous
permettent d'ajouter quelque chose à votre
ordinaire, le mieux sera de vous procurer un
vin de qualité convenable que vous mettrez
en bouteilles; par ce moyen, il s'améliorera
avec le temps au lieu de se détériorer. Les
crus de l'Hérault, ainsi que le petit Bordelais,
le Saint-Georges, vous fourniront un vin
agréable et supportant l'eau, par conséquent
économique, au prix net de cinquante-cinq à
soixante centimes le litre. Il sera bien préférable que vous buviez du vin à vos repas
plutôt que de sacrifier une somme parfois
équivalente pour des choses nuisibles telles
que l'alcool, le café. Il va sans dire, du
reste, que vous ne pouvez risquer cette
dépense qu'autant que vos gains vous le
permettent.

Nous avons établi, pour vous servir d'exemple, l'état des dépenses de deux ménages
composés: l'un, du père, de la mère et de
deux enfants dont l'aîné a trois ans, l'autre,
un an et demi. L'autre, du père, de la mère,
de leurs parents et de quatre enfants dont

l'aîné a douze ans, le plus jeune cinq ans,
soit en tout huit personnes. Ces données
que nous vous proposons ne sauraient constituer une règle absolue; mais, soit que vous
puissiez aller au-delà, soit qu'il vous faille
rester en-deçà des chiffres qui y sont con-
signés, elles pourront vous indiquer d'une
manière générale la tenue de votre maison.

1er. — Le mari, petit employé, gagne cent
francs par mois. — Sa femme, travaillant
pour la fabrique, aidée d'une apprentie,
gagne en moyenne un franc cinquante centimes
par jour, soit par mois, quarante-cinq francs.

Pour logement, une pièce sur le devant
servant de chambre à coucher, une autre à la
suite faisant office de cuisine, de salle à
manger et de travail, pour quinze francs
par mois.

MENU DE LA SEMAINE (EN OCTOBRE)

SAMEDI

Déjeuner. Pommes de terre au lard, salade.
Diner.   Potage gras.

DIMANCHE

Déjeuner. Le reste du bœuf, salade.
Diner.   Potage gras, veau rôti aux carottes.

LUNDI

Déjeuner. Fricassée de haricots, pêches de vigne.

Diner. Le reste du potage gras au vermi- celle, le reste du veau.

MARDI

Déjeuner. Omelette au lard, fromage.

Diner. Potage poireau, gigot braisé.

MERCREDI

Déjeuner. Choux au lard, noix et raisin.

Diner. Potage gras.

JEUDI

Déjeuner. Fricassée de pommes de terre, salade.

Diner. Le reste du potage gras, rosbif.

VENDREDI

Déjeuner. Harengs, salade.

Diner. Potage à l'oseille, foie de veau.

———

Voici maintenant le prix approximatif de ce menu :

SAMEDI

Déjeuner. 1 kil. de pommes de terre longues rouges,   0.15

      Lard, oignons,   0.15

      Salade,   0.15

Diner. 750 grammes bœuf,   1.35

      Légumes,   0.15 1.95

1.95

DIMANCHE

Déjeuner.	Le reste du bœuf,	»»	
	Salade,	0.15	
Dîner.	Le potage de la veille,	»»	
	Veau, 1/2 kil.,	1.»»	
	Carottes, oignons, lard, etc.,	0.40	1.55

LUNDI

Déjeuner.	1 kil. haricots,	0.25	
	Lard, etc.,	0.15	
	Pêches,	0.10	
Dîner.	Le reste du potage et du veau, vermicelle,	0.10	0.60

MARDI

Déjeuner.	5 œufs,	0.50	
	Lard,	0.10	
	Fromage,	0.10	
Dîner.	Beurre et poireaux,	0.20	
	375 grammes gigot,	0.90	1.80

MERCREDI

Déjeuner.	Choux,	0.25	
	Lard, etc.,	0.25	
	Dessert,	0.15	

5.90

8

5.90

| Diner. | 1/2 kil. bœuf, | 0.90 | |
| | Légumes, | 0.10 | 1.65 |

JEUDI

Déjeuner.	Pommes de terre		
	jaunes, 1 kil.,	0.10	
	Lard, farine, etc.,	0.15	
	Salade,	0.15	
Diner.	Le reste du potage,	»»	
	375 grammes bœuf		
	à 1.20,	0.90	1.30

VENDREDI

Déjeuner.	6 harengs,	0.45	
	Salade,	0.15	
Diner.	Beurre, oseille et		
	purée,	0.25	
	375 grammes foie de		
	veau,	0.90	1.75

10.60

Pour 7 jours, 10 fr. 60, soit par jour,	1.50
Goûter de 4 heures,	0.15
Premier repas du matin, consistant en chocolat,	0.30
1 kil. de pain,	0.30

Par jour, 2.25

Soit par mois, 67.50
Réserve pour société mutuelle, 15.»»
Loyer, 15.»»
Chauffage en moyenne, 5.»»
Éclairage   id.   2.50

Dépenses, 105.00
Gains, 145.»»

Il reste   40.fr.   par
mois, soit 480 fr. par an, pour l'habillement
et les menus frais. Il est à remarquer que
nous vous présentons un devis d'une nourriture très confortable et de première qualité.

Voici maintenant l'état des dépenses d'une
assez forte famille, d'une robuste santé. Le
père, menuisier, gagne 4 fr. 50 par jour, soit
pour 26 jours de travail 117 fr. par mois. Son
vieux père, ancien ouvrier de la maison, employé à de petits ouvrages, ne gagne en
moyenne que 2 fr., soit 60 fr. par mois. La
femme, aidée de sa mère, gagne en moyenne
1 fr. 25 cent. par jour, soit 37 fr. En tout, par
mois, 214 fr.

La famille occupe un petit rez-de-chaussée
composé d'une pièce sur le devant servant
aux parents de chambre à coucher. Une autre
pièce plus grande, dans laquelle couchent les

enfants sous la garde de leur grand'mère, et qui sert aussi à la mère pour son travail ; le grand-père a un lit portatif dans la cuisine. Ce logement coûte 25 fr. par mois.

MENU DE LA SEMAINE

SAMEDI

Déjeuner. Pois au lard, fromage campagne.
Dîner.   Potage gras.

DIMANCHE

Déjeuner. Fricassée de pommes de terre, salade.
Diner.   Potage à l'oseille, lapin rôti aux pommes de terre.

LUNDI

Déjeuner. Fricassée de haricots, salade.
Diner.   Potage gras.

MARDI

Déjeuner. Pommes de terre au lard, salade.
Diner.   Potage poireaux, mouton au riz.

MERCREDI

Déjeuner. Choux au lard, fromage campagne.
Diner.   Potage gras.

JEUDI

Déjeuner. Fricassée de poitrine de veau, pommes de terre, fruits.
Diner.   Soupe au jambon et légumes.

VENDREDI

Déjeuner. Pommes de terre au blanc, salade.

Dîner. Potage à l'oseille, veau rôti aux carottes.

PRIX DE CE MENU

SAMEDI

Déjeuner.	Pois,	0.40	
	Lard, etc.	0.20	
	Fromage,	0.15	
Dîner.	Bœuf, 1 kil.,	1.80	
	Choux et légumes,	0.25	2.80

DIMANCHE

Déjeuner.	2ᵏ500 pommes de terre,	0.20	
	Lard, farine, etc.,	0.20	
	Salade,	0.30	
Dîner.	Lapin, 750 grammes,	1.50	
	Pommes de terre, oignons, lard,	0.30	
	Beurre, oseille et purée pour potage,	0.30	2.80

LUNDI

Déjeuner.	Haricots,	0.50	
	Lard, etc.,	0.20	
	Salade,	0.30	
Dîner.	Bœuf, 1 kil.,	1.80	
	Légumes,	0.25	3.05
			8.65

8.65

MARDI

Déjeuner. Pommes de terre
rouges, 2 kil. 500,   0.30
Lard, oignons,   0.20
Salade,   0.30
Diner. Beurre, poireaux,   0.30
Mouton, 750 gram.   1.35
Riz, lard, farine, etc.,   0.40   2.85

MERCREDI

Déjeuner. Choux,   0.30
Lard, etc.,   0.30
Fromage,   0.15
Diner. Bœuf, 1 kil.,   1.80
Légumes,   0.25   2.80

JEUDI

Déjeuner. Poitrine de veau,
750 grammes,   1.20
Pommes de terre,
lard, oignons,   0.30
Pommes,   0.10
Diner. Jambon ou lard maigre 0.80
Légumes,   0.30   2:70

VENDREDI

Déjeuner. Pommes de terre
jaunes, 2 kil. 500,   0.20
_____

17.00

17.00

	Beurre, farine, œuf, etc.,	0.30	
	Salade,	0.30	
Diner.	Beurre, oseille, purée,	0.30	
	Veau, 750 grammes,	1.50	
	Carottes, lard, oignons,	0.50	3.10

20.10

Pour 7 jours, 20 fr. 10, soit par jour   2.85

Goûter des enfants et supplément pour les hommes au potage du matin,   0.30

3 kil. pain,   0.90

Par jour, 4.05

Soit par mois,	121.50
Réserve,	15.»»
Loyer,	25.»»
Chauffage, en moyenne,	5.00
Eclairage, id.	2.50

Dépenses,	169.00
Gains,	214.00

Il reste   45 fr. par mois, soit 540 fr. par an pour l'habillement et les menus frais.

Nous avons banni, et pour cause, toute dépense inutile. Il reste le devis d'une nourriture abondante, confortable et saine. Toutes les obligations sont remplies. Il reste quelque chose à la réserve qui pourrait servir en cas d'adversité. Et cela malgré la modicité du salaire de ces deux ménages

※

L'HABILLEMENT

Nous ne pouvons vous offrir, concernant l'habillement, des données absolument précises, car il est subordonné à différentes considérations : à notre situation sociale et pécuniaire d'abord, à notre profession, à nos relations dans le monde et aux habitudes que nos parents ont cru devoir nous faire contracter. Il est évident qu'une ouvrière ne peut ni ne doit s'habiller comme une personne riche, de même qu'une jeune fille employée chez une modiste ou dans un magasin quelconque est obligée à plus de tenue qu'une personne travaillant en fabrique. Nous devrons donc, en ce qui concerne cet article de notre budget, consulter avant tout notre bourse, c'est le plus sûr moyen de ne pas nous tromper. Faisons d'abord la part des choses indispensables, telles que linge, chaussures, vêtements pour ceux des nôtres qui vont au dehors, pour les enfants allant à l'école. Ne désirons rien de plus pour eux et pour nous qu'une absolue propreté. Gardons-nous bien de faire, pour notre toilette, des dépenses en disproportion avec nos ressources. Il est d'ailleurs facile à une femme intelligente d'être fort bien habillée à peu de frais. Il est indispensable pour cela que la femme sache confectionner ses vêtements et ceux de sa famille, ce talent fait partie essentielle des connaissances que doit acquérir toute personne qui veut être une ménagère sérieuse. Nous réaliserons ainsi d'importantes économies, car le coût de façon d'une robe dépasse souvent le prix d'achat ; et puis il est une bonne fée qui prend plaisir à allonger entre nos mains le métrage de l'étoffe, tandis qu'un mauvais génie le rétrécit entre celles de nos couturières.... pas toujours cependant, mais si souvent.... Nous avons vu cet été, au prix de 65 centimes le mètre,

un choix d'étoffes de coton, de différents des-
sins, faciles à assortir, dont avec quelque
habileté on eût pu faire une toilette ravis-
sante. En prenant 18 mètres d'étoffe pour le
costume, y compris la fausse jupe,

Soit	11.70
Doublure,	2.»»
Baleines, crin, cerceaux,	
boutons, etc.,	3.»»
	16.70

soit pour 17 fr. une toilette que vous porterez facilement pendant deux étés, et qui sera
des plus distinguées selon la nuance que vous
aurez choisie, le bon goût qui aura présidé à
sa confection et à l'assortiment de tous les
objets composant votre habillement. Lorsqu'elle sera hors d'état de vous servir comme
toilette, vous en ferez une robe d'intérieur
que vous porterez l'après-midi, après que
vous aurez terminé votre ménage, puis un
jupon de dessous, puis des doublures ; c'est
ainsi que vous utiliserez vos étoffes jusqu'à
usure complète.

Si vous pouvez avoir pour l'hiver une robe
de sortie, choisissez-la de préférence noire
ou de nuance très foncée : elle sera ainsi

toujours à la mode, surtout si vous avez
adopté une façon à la fois élégante et simple,
ne datant pas. Il faudra prendre, autant que
possible, pour ce costume, une étoffe de
bonne qualité, se brossant bien et pouvant
être longtemps portée.

Etoffe noire, largeur 1 mètre 20, 8 mètres, à 3 fr.	24.»»
3 mètres 50 alpaga, pour fausse jupe, à 1 fr.,	3.50
Faux ourlet,	1.50
Doublure,	2.50
Baleines, crin, cerceaux, boutons, etc.,	3.50
50 centimètres velours ou fantaisie, pour col et manches,	4.»»
	39.»»

Soit pour 40 francs un costume solide et
sérieux.

En vertu de cet axiome qu'il coûte moins
cher d'entretenir que de bâtir, vous raccom-
moderez soigneusement votre linge et vos
vêtements, de façon à ce qu'ils soient toujours propres et à les renouveler le moins
souvent possible. En appliquant à votre ha-

billement la sage économie avec laquelle vous réglez les autres dépenses de votre maison, vous arriverez à remplir exactement vos obligations et vous jouirez d'un véritable bien-être.

CONCLUSION

Nous ne savons, chères lectrices, si malgré notre désir de vous être utile, nous avons répondu d'une manière satisfaisante à l'attente des personnes autorisées qui veulent vous doter d'un livre utile et sérieux, pouvant vous servir de guide dans toutes les circonstances de la vie. Nous avons pensé que le meilleur moyen de vous disposer à bien remplir tous vos devoirs était de vous en démontrer les avantages, ainsi que les inconvénients qui pourraient résulter de la négligence dans leur accomplissement. Nous nous sommes inspirée en cela des idées mêmes de Mme Doyen, trop heureuse si, par notre concours, nous

pouvons apporter une petite pierre à ce
grand édifice, œuvre de cette bienfaitrice
de vos familles. Laissez-nous toutefois, en
terminant, vous adresser une prière : Peut-
être y en aura-t-il parmi vous qui, ayant
mis en pratique les sages leçons qu'elles ont
reçues et favorisées par les circonstances,
parviendront à une meilleure situation de fortune. Ne vous refusez pas alors la satisfaction
la plus noble et la meilleure qui puisse exister. Faites le bien, il n'est pas de plaisirs,
pas de fêtes qui laisseront dans vos cœurs
un sentiment plus réconfortant et plus doux.
Faites le bien, imitez en cela le noble exemple
que nous a légué Mme Doyen, et rendez à
d'autres, s'il se peut, les sages conseils et les
encouragements que vous-mêmes avez reçus.
Il appartient à ceux qui ont gravi les degrés
de l'échelle sociale de tendre la main à ceux
qui restent, c'est la meilleure manière de pratiquer la solidarité. Vous verrez autour de
vous des gens qui, parvenus à une position
meilleure, seront moins heureux que par le
passé, parce que leur cœur ne sera pas à la
hauteur de leur intelligence et qu'ils auront
cherché le bonheur dans les apparences trom-
peuses d'une vie de luxe, dans de vaines

satisfactions   d'amour-propre.   Peut-être
même, par cette dérogation à leurs habitudes
premières, auront-ils à jamais compromis le
fruit de leurs travaux. Quant à vous, compa-
tissantes et bonnes, vous trouverez le bonheur dans le noble usage que vous ferez de
votre fortune, selon cette parole du grand
poëte V. Hugo, que la plus belle fête, comme
le plus bel autel, c'est l'âme d'un malheureux
soulagé qui remercie Dieu.

E. ROCH

FIN

TABLE DES MATIÈRES

IMP. DUBOIS-POPLIMONT, RUE DE VESLE, 220, REIMS.

www.ingramcontent.com/pod-product-compliance
Lightning Source LLC
Chambersburg PA
CBHW052032270326
41931CB00012B/2458